江西省哲学社会科学成果文库

JIANGXISHENG ZHEXUE SHEHUI KEXUE

CHENGGUO WENKU

中国的环境规制与地区经济增长

CHINA'S ENVIRONMENTAL REGULATION AND
REGIONAL ECONOMIC GROWTH

刘伟明 著

社会科学文献出版社
SOCIAL SCIENCES ACADEMIC PRESS (CHINA)

总　序

　　作为人类探索世界和改造世界的精神成果，社会科学承载着"认识世界、传承文明、创新理论、资政育人、服务社会"的特殊使命，在中国进入全面建成小康社会的关键时期，以创新的社会科学成果引领全民共同开创中国特色社会主义事业新局面，为经济、政治、社会、文化和生态的全面协调发展提供强有力的思想保证、精神动力、理论支撑和智力支持，这是时代发展对社会科学的基本要求，也是社会科学进一步繁荣发展的内在要求。

　　江西素有"物华天宝，人杰地灵"之美称。千百年来，勤劳、勇敢、智慧的江西人民，在这片富饶美丽的大地上，创造了灿烂的历史文化，在中华民族文明史上书写了辉煌的篇章。在这片自古就有"文章节义之邦"盛誉的赣鄱大地上，文化昌盛，人文荟萃，名人辈出，群星璀璨，他们创造的灿若星辰的文化经典，承载着中华文明成果，汇入了中华民族的不朽史册。作为当代江西人，作为当代江西社会科学工作者，我们有责任继往开来，不断推出新的成果。今天，我们已经站在了新的历史起点上，面临许多新情况、新问题，需要我们给出科学的答案。汲取历史文明的精华，适应新形势、新变化、新任务的要求，创造出今日江西的辉煌，是每一个社会科学工作者的愿望和孜孜以求的目标。

　　社会科学推动历史发展的主要价值在于推动社会进步、提升文明水平、提高人的素质。然而，社会科学的自身特性又决定了它只有得到民众的认同并为其所掌握，才会变成认识和改造自然与社会的巨大物质力量。因此，社会科学的繁荣发展和其作用的发挥，离不开其成果的运用、交流与广泛传播。

　　为充分发挥哲学社会科学研究优秀成果和优秀人才的示范带动作用，促进江西省哲学社会科学进一步繁荣发展，我们设立了江西省哲学社会科学成果出版资助项目，全力打造《江西省哲学社会科学成果文库》。

　　《江西省哲学社会科学成果文库》由江西省社会科学界联合会设立，资助江西省哲学社会科学工作者的优秀著作出版。该文库每年评审一次，通过作者申报和同行专家严格评审的程序，每年资助出版30部左右代表江西现阶段社会科学研究前沿水平、体现江西社会科学界学术创造力的优秀著作。

　　《江西省哲学社会科学成果文库》涵盖整个社会科学领域，收入文库的都是具有较高价值的学术著作和具有思想性、科学性、艺术性的社会科学普及和成果转化推广著作，并按照"统一标识、统一封面、统一版式、统一标准"的总体要求组织出版。希望通过持之以恒地组织出版，持续推出江西社会科学研究的最新优秀成果，不断提升江西社会科学的影响力，逐步形成学术品牌，展示江西社会科学工作者的群体气势，为增强江西的综合实力发挥积极作用。

祝黄河

2013 年 6 月

目　　录

图表目录

图目录

表目录

第一章　导论

第一节　选题背景及问题的提出

新中国成立 60 年来，经济发展日新月异，取得了举世瞩目的成绩；特别是改革开放后 30 多年来，GDP 年平均增长率达到了 9.8%，中国的综合国力得到了很大增强，人民生活水平也得到很大提高。与此同时，环境问题也伴随而来，北京沙尘暴、太湖蓝藻事件、长江洪水泛滥等，已经严重危及社会大众的身体健康和经济的可持续发展。2006 年世界经济论坛达沃斯年会上，美国耶鲁大学和哥伦比亚大学的科学家公布了世界环境绩效排名，在 133 个国家和地区中中国位列第 94 位。2010 年环保部环境规划院发布的《中国环境经济核算报告 2008》提到，2008 年我国生态环境退化成本达到了 12745.7 亿元，占当年 GDP 的 3.9%，其中环境污染成本为 8947.5 亿元，比 2007 年增加了 1613.5 亿元，增幅达到了 22%，远高于 GDP 的增长水平；环境治理成本达到 5043.1 元，占当年 GDP 的 1.54%；和 2004 年相比，环境退化成本增长了 74.8%，虚拟治理成本增加了 75.4%。因此，环境保护刻不容缓。

中国的发展面临两方面的制约，一方面，中国是当前世界上仅次于美国的第二大能源消耗国，同时也是第一大二氧化碳排放国，面临着巨大的来自国际社会要求我国节能减排的压力，为促成国际社会达成后京都时代新的具有约束力的温室气体减排方案，胡锦涛总书记在 2009 年哥本哈根气候峰会上提出，到 2020 年，我国二氧化碳排放浓度比 2005 年下降 40% ～45%，并作为约束性指标纳入国家中长期发展计划。另一方面，真正的压力来自于中国经济发展自身内在的要求，中国的发展长期以来依赖高能耗和高排放，这种以过度牺牲环境质量为代价的粗放型发展方式注定是不能持续的。Krugman（1994）和 Young（1995）研究东亚经济增长时指出，东亚国家的经济发展主要是依靠生产要素的投入产生的，和美国相比，发展后劲不足，后来日本经济的持续低迷以及东亚金融危机的出现验证了这一预言。中国能否改变现有生产方式、顺利地完成从依赖要素投入向依赖技术进步的转变，是中国可持续、协调、和谐发展的关键。

我国提出环境保护的理念其实并不算晚，1972 年我国就参加了世界环境保护大会，在历次五年计划的修订中环境问题都会被专门提出，环境保护工作还被纳入我国的基本国策。中央提出塑造科学发展观、建立和谐社会的战略思想之后，2005 年十六次五中全会更明确要求加快建设资源节约型、环境友好型社会，大力发展循环经济，加大环境保护力度。2011 年 12 月 15 日《国务院关于印发国家环境保护"十二五"规划的通知》更是指出要全面推进环境保护工作的历史性转变，积极探索代价小、效益好、排放低、可持续的环境保护新道路，加快建设资源节约型、环境友好型社会。

那么为什么国家三令五申保护环境，而我国的环境质量情况始终不尽如人意，甚至还有继续恶化的迹象呢？这一方面是因为我国仍处于工业化发展中期，制造业在我国的工业体系中还处于主导地位；另一方面是因为环境保护政策没有落到实处，环境监管水平低下。

　　工业部门在整个国民经济中的地位至关重要，改革开放后工业总产值年均增长 11.2%，工业资本存量年均增长 9.2%，工业能耗和二氧化碳排放年均增长 6% 和 6.3%，平均消费了全国能源的 80%，排放出全国二氧化碳的 84%。因此，工业部门一方面为国家创造了大量的财富，另一方面也是污染物排放的主要来源，要控制环境继续恶化，首当其冲的就是要减少工业部门的污染物排放量。

　　但要保护环境，单纯依靠企业的自觉性根本无法实现。因为环境作为一种公共品，外部性问题的存在注定其会被滥用，市场失灵要求政府参与其中，但是政府实行环境规制，必然在短期内给企业带来一定的负担，产生出口减少、企业外迁、经济总量下降、失业率增加和物价上涨等现象，这已经被大量的事实所证明。在当前我国企业面临的土地成本、劳动力成本都已显著上升的情况下，进一步提高环境成本将使企业更加难以承受。

　　"波特假说"的出现带来了另外一种思维，波特认为环境规制必然导致企业竞争力下降的说法只是从短期和静态的角度观察问题得出的结论，从长期和动态的角度来看，企业之间的竞争往往不是既定约束下的成本最小化，环境规制促使企业加大创新力度，新技术的出现将全部或者部分弥补因服从规制而带来的成本，而且，创新还能使企业在国际上占据先动优势，取得有利的地位。

　　"波特假说"同样被很多事实所证明。那么两者孰对孰错？"波特假说"到底存在吗？要回答这些问题，首先遇到的最大难题就是如何核算规制的成本收益。规制的成本不难计算，但收益往往无法量化，因为污染物不同于普通商品，没有市场价格，因此削减污染物的收益无法体现。长期以来，我们仅仅考虑规制成本而忽视规制收益的计算方法，估算出来的全要素生产率变化率和环境规制强度之间的关系往往是负相关的。方向性距离函数的出现解决了这个问题，这种计算方法不需要知道产品的价格，并通过构建 Malmquist-Luenberger 指数，把污染物的减少也纳入计算过程中。但是规制对企业竞争力的影响往往是滞后的，这从规制在短期内增加企业负担、长期内可能有利于企业的发展也可以看出，而且规制对企业竞争力的影响不仅仅要考虑其促进技术进步和技术扩散，还要考虑生产规模变化带来的影响。也就是说，全要素生产增长率可以分解为技术进步、效率改变和规模经济三个因素，而"波特假说"的核心思想是环境规制带来的技术进步，因此需要进一步验证规制和技术进步之间的关系。

环境规制的执行者是地方政府，在当前我国以行政手段为主的环境管理体系下，规制成本偏高，污染物减排效果不很理想。而且我国财政分权体制的存在，一方面促进了地方政府之间的竞争，调动了地方政府的积极性；另一方面，事权和财权不对称，迫使地方政府以牺牲环境为代价，实行扭曲的发展方式，许多文献已经对此予以探讨和研究（周黎安，2007：48；张晏，2007：32；Quiroga et al.，2007：18）。但近年来，情况发生了一些变化，一些发达地区提出"腾笼换鸟"的发展思路，并采取了具体实施措施，这和"晋升锦标赛"理论并不吻合，本书要从理论上解释这一现象，并予以经验验证。

如果说环境规制和外商直接投资的吸引、环境规制和全要素生产率的变化以及环境规制和技术进步之间都存在相关关系，那么综合这些因素，环境规制和地区经济增长又存在什么样的关系？特别是从一个较长的时间周期来看，环境规制影响了地区竞争力吗？这也是本书要回答的一个关键问题。

另外，我们还要讨论环境规制制度的有效性问题。是采取"末端治理"，还是采取"源头控制"的方法？是实行命令控制型环境规制工具，抑或采取基于市场的规制工具？我国现行的环境管理体制和工具选择合理吗？如果不合理，要采取哪些措施？

总之，本书的理论意义和实践意义在于回答如下问题：中国现有的发展方式可以持续吗？环境规制对我国省域竞争力到底有什么影响？在当前国情下如何设计具有信息效率和激励相容特征的环境规制制度？

第二节　核心概念：环境规制

一　环境规制的定义及分类

国外的经济学文献通常用 Regulation 或者 Regulatory Constraint 来表示规制的含义。日本经济学家植草益（1992：1－19）将规制定义为：对构成特定社会的个人和构成特定社会的经济主体的活动，依据一定的规则采取限制的行为。规制通常可以分为私人规制和公共规制，公共规制是指"社会公共机构按照一定的规则对企业的活动采取限制的行为"。

环境规制属于公共规制的范畴，公共规制按照职能又可以分为经济型规制和社会型规制，经济型规制主要涉及对垄断部门内的研究对象进行价格、数量、质量以及进入或者退出的限制，社会型规制则是对涉及劳动者或者消费者的安全、健康、卫生、环境保护等特定行为的限制，环境规制属于社会性规制，具体的政府规制的分类如表1－1所示。

表 1 - 1　政府规制的分类

类　别	目　的	主要内容
经济型规制	限制垄断	根据《反垄断法》、《民法》和《商法》限制企业的不公平行为
	限制虚假信息	根据信息公开、《广告法》限制企业的信息藏匿行为
社会型规制	保证环境质量	根据《产品质量法》和《消费者行为法》限制企业的制假造假、以劣充好行为
	保护环境	根据《环境保护法》及《资源法》限制企业过度使用环境的行为

　　本书中所说的环境规制是指国家依据法律制度限制环境污染行为和改善环境质量的措施。人们对环境规制的认识也在不断地深化过程中，一开始人们以为环境规制只能是政府用行政手段规定污染企业的进入或退出、颁发非市场转让的环境许可证等，企业没有任何自主权力，市场机制不起任何作用，后来人们发现环境规制工具也可以和市场机制相结合，环境税、可交易排放许可证、补贴等基于市场的环境规制工具也应运而生，因此人们重新修订了环境规制的含义。20 世纪 90 年代以来，环境规制在西方发达国家得到了进一步发展，生态标签、自愿协议、环境认证等工具得到了广泛的应用，环境规制的概念再次得到了拓展。赵玉民（2009：86）等人认为除上述所提的环境规制外，其实还有一些隐性的环境规制，比如非正式制度等。环境规制含义的变化如表 1 - 2 所示。

表 1 - 2　环境规制含义的变化

规制含义	规制者	规制对象	规制工具
基本含义	国家	个人、组织	命令 - 控制型
第一次拓展	国家	个人、组织	命令 - 控制型、市场激励型
第二次拓展	国家、协会	个人、组织	命令 - 控制型、市场激励型、自愿型
第三次拓展	国家、协会、公众	个人、组织	命令 - 控制型、市场激励型、自愿型、隐性工具

　　资料来源：赵玉民、朱方明、贺立龙（2009：85 - 90）。

二　环境规制的度量

环境标准或者说环境规制强度，由于数据难以获得或者数据质量较差，限制了许多经验研究的开展（张成等，2011：118）。国内外学者度量环境规制的方法主要有以下几种：①环境规制政策（包群、彭水军，2006：51）；②治污投资占产值的比例或排污收费占产值的比重（Gray，1987：1000；黄菁、陈霜华，2011：148）；③环境污染治理设施运行费用（张成，2010：13）；④人均收入作为环境规制强度的内生指标（Cole and Elliot，2003：367）；⑤规制机构对企业排污的检测次数（Laplante & Rilstone，1996：29）；⑥污染物排放量的变化（傅京燕、李丽莎，2010：90）；⑦几种指标的混合（张成，2011：118）。

本书主要采用第 2 种方法和第 6 种方法。原因如下：在中国最主要的问题其实不是环境法律法规的制定问题，1979 年我国就颁布了《中华人民共和国环境保护法（试行）》，1983 年我国把环境保护作为基本国策，1989 年环保法正式运行，至今已经有 20 多年了，虽然对我国的环境保护起到了一定的作用，但普遍认为环保法是我国执行力度最差的一部法律，根本的原因在于执行问题，这种执行不是看对企业排污的观测次数，而是看真实的执行力度或者治理的结果，比如治污费用占 GDP 的比重或者工业污染源治理费用占工业增加值的比重、排污收费占 GDP 的比重、单位产出的污染物排放量等。

因此，本书根据实际情况和数据的可得性，第 2 种方法采取的指标是环境污染治理投资/GDP 比重、排污费收入/GDP 的比重，第 6 种方法采取污染物排放量/单位工业增加值来衡量环境标准的变化。污染物有很多种，本书依据《中国环境统计年鉴》中数据的完整性，选择各地区每单位工业增加值产生的工业废水排放量

（Water）、工业废水中化学需氧量排放量（COD）、工业废水中氨氮排放量（NOx）、工业废气排放量（Gas）、工业二氧化硫排放量（SO_2）、工业烟尘排放量（Soot）、工业粉尘排放量（Dust）这七个指标来衡量各地区的环境标准水平，为了在降低数据"纬度"的同时尽可能保留原有数据的信息，本书采取主成分分析法来分析。

第三节　研究目标、方法和数据

本书的研究目标是探索环境规制和地区经济增长之间的关系。研究主要基于所观察到的地方政府在发展本地经济时处于两难的现实，即在环境保护和经济增长之间以及短期经济增长和长期经济增长之间如何抉择的问题。地方政府在考虑环境规制带来的后果时，无非是考虑这么几个问题：①环境规制是否会影响经济增长率；②环境规制是否会影响 FDI；③环境规制是否会影响全要素生产率；④环境规制是否会导致技术进步特别是环保技术的革新；⑤现有的环境规制强度足够高吗；⑥政府该采取什么样的环境规制工具，保证规制成本最小或者规制收益最大。

正是基于上述现实问题，本书试图以问题为导向，采用历史归纳和逻辑推理相结合的方法展开讨论。一方面，我们根据中国的经济特征归纳出研究主题，力图在现有文献的基础上，把散乱的特征事实用理论逻辑串联起来；另一方面，我们又从抽象的理论出发，构建数理模型，推导出一般性的命题、推论和假说，再利用中国的省级面板数据进行实证检验。

本书使用的省级面板数据，主要年代处于 2000 ~ 2009 年，由于某些指标的数据还要延后，比如环境污染治理费用占 GDP 的比重在《中国环境统计年鉴》中是从 2003 年开始的，所以在第 5 章中使用的是 2003 ~ 2009 年的省级面板数据，其他章节则是使用 2000 ~

2009 年除西藏以外的 30 个省份的省级面板数据。物质资本存量的数据来自于复旦大学社会主义市场经济研究中心张军、吴桂英（2004：43）用永续盘存法估算的各省数据，其中四川和重庆的数据合并为一个省计算，为保持数据的连续性，本书涉及这一指标的章节遵循了同样的方法。其他常用数据来源于历年《中国环境统计年鉴》、《中国统计年鉴》、《中国环境年鉴》、《新中国五十五年统计资料汇编》、《新中国六十年统计资料汇编》，人口方面的数据来自于《中国人口统计年鉴》，专利方面的数据来自于《中国科技统计年鉴》，能源方面的数据来自于《中国能源统计年鉴》，由于前后统计口径的差异，国家统计局网站上公布的数据会出现前后不一致的情况，本书中 2000~2003 年各省的 GDP 数据就根据《中国经济普查年鉴 2004》重新作了调整。对于个别缺失的数据，本书还用插值法等统计方法作了补充，文中都有说明。涉及各类价格的数据，都以 2000 年为基期根据各种价格指数作了平减。

第四节　本书的结构和内容

本书共分为 9 章，第一章为导论，主要阐述选题的背景和意义，所使用的方法和数据来源，各章节安排情况以及创新之处，第九章则是总结及政策建议，同时提出进一步研究的方向。

第二章为文献综述，首先从环境资源的公共品和外部性性质开始，强调实行规制的重要性，环境库兹涅兹曲线理论认为经济增长和环境质量之间存在着倒"U"型关系，但该理论并不能否认环境规制的重要性，因为规制可以使得倒"U"曲线的波峰降低或拐点提前到来。接下来本章从环境规制和经济增长、环境规制和全要素生产率、环境规制和技术进步、环境规制和企业选址四个方面梳理了已有文献对这些问题的研究，最后介绍了现有文献关于规制工具有效性的讨论并作了述评。

　　第三章主要介绍环境规制的理论基础以及我国的环境管理体制。3.1 界定了本书研究的内容范围；3.2 简单列举了开展环境规制的理论依据；3.3 主要介绍了环境规制在我国的现状，其中 3.3.1 介绍了我国环保法律法规的历史演变以及评价，3.3.2 介绍了我国环保结构的历史变迁，3.3.3 和 3.3.4 分别讨论了我国现行的环保管理体制以及管理能力。

　　第四章比较各种环境规制工具之间的异同，从减污效率、激励作用、规制成本和不确定性四个方面分析不同环境规制工具的优缺点。我们发现命令控制型环境规制工具操作简单，对关乎重大生命健康安全的项目有效，但命令控制型环境规制工具减污效率低、激励作用弱，规制成本较高且容易造成税收扭曲。基于市场的环境规制工具在减污效率、激励作用、规制成本等方面享有一定的优势，但都有前提条件，比如环境税的税率确定比较困难，而排污权交易制度需要有良好的法律基础以及成熟完备的市场。因此，命令控制型环境规制工具和基于市场的环境规制工具之间并不是相互替代关系，而是互为补充关系。

　　第五章介绍环境规制和经济增长之间的关系，长期以来，对待环境规制有两种观点，一种是先污染、后治理，还有一种是不断提高环境标准，通过改变经济增长方式和技术进步实现"双赢"。本章区分了两种不同发展思路下的增长路径，考察了维持可持续发展的必要条件，并应用了 2003～2009 年的省级面板数据进行了实证分析。在方法上，理论模型采用了动态优化的方法，计量模型则主要使用了固定效应回归方法。

　　第六章分析环境规制和全要素生产率之间的关系，长期以来人们对于全要素生产率的估算并不包括环境因素，主要原因在于环境污染是一种非期望产出，没有价格因素。本章使用的径向非角度序列 DEA 方法解决了这一问题，计算了各省的环境技术效率和全要素生产率进步率，并在规模报酬不变和规模报酬可变两种不同的约束条件下对全要素生产率作了分解，在此基础上对影响全要素生产率的因素进行了实证分析。在方法上，因为序列 DEA 方法计算出来的全要素生产率存在序列相关性，第六章所用的回归方法是动态 GMM 的计量方法。

第七章主要分析环境规制和技术进步之间的关系，因为全要素生产率增长包括技术进步、效率改变和规模经济三个方面，而"波特假说"着重强调的是环境规制引发的技术进步。在本章中，采用了理论模型和实证模型相结合的研究方法，理论模型刻画的是采用不同规制手段的地区在相同的治污标准下效果是不一样的，采用环境税规制工具比命令控制型规制工具更有利于创新激励。基于我国排污收费普遍偏低的事实，本章以排污费占 GDP 的比重衡量环境规制强度，以专利申请数量衡量技术进步，验证了环境规制和技术进步之间的关系，发现环境规制和滞后三年的技术进步之间有着显著的正相关关系。

第八章主要分析环境规制和企业选址之间的关系，长期以来，环境规制对 FDI 的影响效果众说纷纭，正反两方面的观点都有。在现实中，发达省份"腾笼换鸟"和落后省份"承接转移"的现象并行不悖，本章主要解释不同类型的外商直接投资在选址方面的区别，降低环境标准的"竞次效应"确实可以吸引到外资，但吸引的都是高污染高能耗的产业，而水平型 FDI 更看重的是市场规模和集聚效应。

第五节　本书可能的创新之处

本书在梳理已有文献的基础上，试图分析环境规制和我国各省域竞争力之间的关系，并结合我国环境规制实际，提出了相应的政策建议。本书可能的创新之处在于以下几点。

（1）在分析环境规制和长期经济增长的关系时，吸收了 Lucas 的人力资本积累的思想，拓展了 Stokey-Aghion-孙刚模型，区分了"末端治理"和"源头控制"两种不同的治污思路下的长期经济增长路径，并对影响可持续发展的因素作了实证分析，同时给出了相应的政策建议。

（2）在分析环境规制和全要素生产率的关系时，运用径向非角度序列 DEA 方法测度了我国除西藏以外的 30 个省份的环境技术效率和全要素生产率增长率，并对引起全要素生产率变化的因素作了实证分析。

（3）在分析环境规制和外商直接投资的关系时，结合 Aghion（1998：19 - 22）的效用函数表达式，拓展了陈钊"为和谐而竞争"的理论模型，解释了从"为增长而竞争"向"为和谐而竞争"的转化过程中，不同发展阶段的地方政府出于"理性"考虑而各自选择的不同发展路径，说明了"腾笼换鸟"和"承接转移"并不冲突。

第二章　环境规制与地区经济增长：文献综述

一直以来，人们对环境规制与地区经济增长的关系众说纷纭，实行环境规制的依据是环境资源的公共品和外部性原理。对于外部性的研究首先要追溯到 Sidgwick（1887：419－436），他发现私人物品和社会物品是不一致的，并以建造灯塔为例说明了这种不一致性。Marshall（1890：41－49）第一次正式提出外部性理论，指出外部性一般是指个人或者企业对另一方造成的无意的、不用补偿的副作用。遵循他们的足迹，Pigou（1920：132－149）进一步提出边际私人成本和边际社会成本、边际私人纯收益和边际社会纯收益等概念，由于边际私人收益和边际社会收益之间存在差异，经济个体在谋求自身利益最大化的过程中，就会以环境为媒介，向外界释放外部性。所以 Spulber（1989：46－52）定义的外部性是指缺乏经济交易的两方当事人，一方给另一方提供的物品束。

与此同时，环境资源作为一种公共物品，具有非排他性和非竞争性的性质，使得资源配置的价格机制不再起作用。Hardin（1968：1244）设想在一个自由使用的公地里，利用公地的收益归于自己，而成本由大家负担，使得公地资源被滥用，最终酿成破坏性的后果，这就是所谓"公地悲剧"，环境资源具有典型的公地性质，也存在同样的问题。既然环境资源会被滥用，而且在使用过程中经常会产生负的外部性，市场机制又不能自发起作用，政府的参与就显得必须了，这就是市场失灵现象。Bator（1958：357）提出外部性是市场失灵的一种表现，第一次在完美竞争市场的一般均衡模型中规范地讨论外部性问题，完整地给出了外部性的新古典表述。而由政府提供公共物品，必须遵循著名的萨缪尔森（Samuelson，1954：388）准则，他指出一个物品的社会价值必须等于这一物品使用者的支付意愿之和。其主要做法有两类，一是征收庇古税，二是进行产权鉴定，这两类都是把外部成本内部化的方法。Pigou（1920）认为污染者应该为环境污染负责，通过向政府缴纳税收来弥补受害者的损失，纳税额的大小取决于社会成本和私人成本之间的差距，这就是庇古税。科斯指出，"庇古传统"在思路上固然是清晰的，但是其实际执行过程会遇到很大的挑战，那就是政府在制定税率过程中的信息成本很高，从而提出了著名的科斯定理。（Coase，1960：41）他认为在交易成本为零的条件下，只要合理界定产权，不需要政府的干预，私人之间可以通过谈判来解决问题，或者由污染者向受害者赔偿，或者由受害者出资治理环境。

第一节　环境库兹涅兹曲线

上面分析的是环境规制的理论依据，但是否要实行规制，或者规制是否有效，依然存在很大的争论。一些学者认为环境污染是工业化过程必须要经历的阶段，是阵痛，而且规制的成本很大，随着经济发展水平的上升，环境质量会逐渐得到改善，因此他们主张规制要慎重，主要依据是环境库兹涅兹曲线的存在。库兹涅兹曲线是Grossman 和 Krueger 在 1991 年提出来的，他们通过对 42 个国家的横截面数据的分析，发现环境污染与经济增长之间呈现倒"U"型的关系，即在经济总量较低的时候，环境质量随着经济增长速度的加快而恶化；当经济水平发展到一定阶段，环境质量将随着经济的增长而逐渐改善。（Grossman and Krueger，1991）环境库兹涅兹曲线提出后，引起了很大的争论，其焦点主要集中在环境库兹涅兹曲线是否存在。如果存在，拐点将何时出现？影响环境质量的除了收入水平，还有哪些因素会起作用？针对这些问题，很多实证研究得以进行。Ankarhem（2005）针对1919～1994年瑞典二氧化硫、二氧化碳和挥发性有机化合物的排放量和经济增长水平之间的关系进行研究，发现环境库兹涅兹曲线确实存在；Roca et al.（2001：92）利用1980～1996年西班牙环保署规定的六种空气污染物检验环境库兹涅兹曲线存在的可能性，发现除二氧化硫外，其他污染物的环境库兹涅兹曲线不存在。Panayotou（1997：475）运用30个发达国家和发展中国家1982～1994年的数据进行分析，结果表明，政府规制能够显著减少由于二氧化硫引起的环境退化，它们能够在低收入水平减少环境的退化，并且在高收入水平加速环境的改进，因此能使EKC曲线变得扁平，减轻经济增长所付出的环境代价。Cassou和Hamilton（2004：1053）发现，环境库兹涅兹曲线成立的条件如下：①污染物的生产要受到约束；②清洁生产内生增长；③污染部门的增长会降低清洁部门的增长。

在国内方面，蔡昉等（2008：10）通过拟合EKC、估计排放水平从升到降的拐点，考察了中国经济内在的节能减排要求，他们认为：如果温室气体的减排被动等待库兹涅兹拐点的到来，将无法应对日益增加的环境压力。林伯强、蒋竺均（2009：34）则利用EKC，采用对数平均迪式分解法（LMDI）和STIRPA模型，研究了我国二氧化碳排放的拐点，并进行了预测，发现二氧化碳拐点直到2040年还没有出现，并且除了人均收入外，能源结构、产业结构、能源强度都对二氧化碳排放有显著影响。许广月和宋德勇（2010：44）在环境库兹涅兹理论的基础上，选用1990~2007年中国省域面板数据，运用面板单位根和协整检验方法，研究了中国碳排放环境库兹涅兹曲线的存在问题。他发现，中国及东部地区和中部地区存在人均碳排放环境库兹涅兹曲线，但是西部地区不存在该曲线，他还对全国、东部、中部等地区的环境库兹涅兹曲线的拐点作了具体分析。朱平辉、袁加军、曾五一（2010：69）利用中国1989~2007年省级面板数据，使用空间固定效应模型，对七种工业污染排放物进行EKC实证分析。结果发现，人均工业废水排放量与人均GDP之间是只有一个拐点的倒"N"型关系，人均工业废气与人均GDP是传统的两个拐点的倒"N"型关系，现处在曲线的上升阶段，其他五种工业污染排放与人均GDP之间是倒"U"型关系。

因此，环境库兹涅兹曲线作为一种经验统计，其存在是有条件的，完全不能成为不需要环境规制的理由。至少，环境规制的实施，可以使得环境库兹涅兹曲线的拐点尽早到来。

第二节　环境规制的成本收益分析

对环境规制必须进行成本收益分析，因为只有分析清楚规制的成本和收益，环境部门在制定政策的时候才能做到有的放矢，而推行环保政策的阻力也才会更小。

环境规制的成本及收益可以分为传统和修正主义两种不同的观点。传统的观点认为：环境规制提高了企业的生产成本，降低了企业的生产效率，削弱了商品的出口竞争力，导致了企业特别是污染密集型企业向外转移等，引发国际收支失衡、劳动力失业人数增加、货币贬值并引发通货膨胀和社会动荡等一系列问题（Jaffe et al.，1995：158）。

其影响主要可以分为三类：①环境规制对经济增长的影响；②环境规制对企业选址的影响；③环境规制对企业创新及生产率的影响。下面分别对其归纳。

一　环境规制对经济增长的影响

对经济增长和环境污染关系的研究起源于对环境承载能力的担忧，著名的"罗马俱乐部"成员 Medows（1972）指出经济增长需要大量的物质和能源投入，同时排放出大量的废物，导致了环境质量的恶化和人们福利水平的下降，增长的极限即将来到，从而引发了广泛的讨论。Joseph Kalt（1988）应用 Heckscher-Ohlin 模型分析了 1967～1977 年美国 78 个工业门类进出口总额的变化和环境遵从成本及其他相关变量之间的关系，结果发现在统计上有很显著的逆向关系。Wilson（2002）考察了 1994～1998 年 24 个国家（6 个 OECD 国家，18 个非 OECD 国家）5 个污染密集型部门环境规制和出口竞争力之间的关系，发现两者之间存在一定的负向关系。但是也有相反的结果，Tobey（1990：205）测试了美国采矿、造纸、化工、钢铁、金属五个污染密集型产业的国际比较优势和环境政策强度之间的关系，发现环境规制强度不是影响净出口的决定性因素。Grossman 和 Krueger（1991）比较了美国和墨西哥工业品的制造优势，发现较为宽松的环境政策并没有给墨西哥的竞争力带来显著的影响。Bovenberg 和 Smulder（1995：864）建立了两部门内生经济增长模型，讨论政府如何通过实行有效的环境经济政策，实现自然资源和知识技术的最佳利用，在知识技术进步的条件下实现经济的长期稳定增长。Ricci（2007：305）发现在多部门经济条件下，严格的环境政策导致的产品竞争力的下降可以由技术进步和物质资本的积累部分抵消。

二　环境规制对企业选址的影响

如果把环境作为一种资源要素，保护强度较低的国家比保护强度较高的国家有一定的禀赋优势。通常来说，发达国家的环境保护力度大于发展中国家，因此发达国家有可能把污染密集型产业向发展中国家转移，从而使发达国家在这些产业丧失竞争力，Walter 和 Ugelow（1979：104）最早把这种现象称为"污染天堂假说"。Chichilaisky（1994：863）利用南北模型解释了这一现象，他发现由于南方国家（发展中国家）的环境税率比发达国家的要低，由此带来的结构效应和规模效应对环境的负向作用超过了技术效应对环境的正向作用，恶化了发展中国家的环境质量水平。

Wheeler（2000）检验了 1960～1995 年 OECD、亚洲和拉丁美洲国家的污染和非污染产业的产出比例，发现 OECD 国家污染产业和非污染产业之间的产出比重逐年下降，而进出口比重却逐年上升；拉丁美洲和亚洲国家的情况却恰恰相反，说明污染产业转移的情况确实存在。

上述转移都发生在国与国之间，Gray 和 Shadbegian（2002）发现美国的州与州之间同样存在这样的情况，他们运用条件 logit 模型，控制了一系列可能影响企业成本和收入的特征，发现企业通常在环境规制水平较低的州生产更多数量的产品，但是企业对环境规制强度的敏感性存在较大的差异，规制遵从程度较低的企业比规制遵从程度较高的企业对规制强度更敏感。

最新的发现则来自 Hanna（2010：177），她运用 1966～1999 年美国企业的面板数据，估计《清洁空气法修正案》（CAAA）对跨国公司对外投资决策的影响，发现《清洁空气法修正案》造成了美国跨国公司对外投资上升了 5.3%，产出上升了 9%。

Cole 和 Elliott（2005：541）对 OECD 国家的研究发现污染密

集行业也是资本集中度较高的行业，"污染天堂"最有可能出现在那些比较优势完全由环境规制强度所决定的国家。然而在现实中，这样的国家并不一定有足够的资本积累来吸引国外污染密集型产业的迁移和投资。

Ederington et al. （2004）发现，1974～1994 年美国污染密集型产业并没有被国外进口物品所取代，也就是说，这一时期美国的污染密集型产业在统计上并没有显著地出现迁移到其他发展中国家的情形。

Leonard （1998：83 – 116）发现，在化工、造纸、冶金、石化等污染密集型领域吸引海外投资资金的不是规制强度较低的国家，反而是环境标准较高的国家，这是因为环境成本占生产成本的比例较低，仅占所有工业成本的1%，资本在这些行业中的作用更重要。

三　环境规制对企业创新和生产率的影响

传统的观点认为严格的环境规制提高了企业的成本，削弱了企业的竞争能力，抑制了企业的创新行为（Walley and Whitehead，1994：49）。Jaffe et al. （1997：618）分析了其主要原因。

（一）为了满足环境规制要求而产生的遵从成本，包括环保设备的购置、末端处理的成本等。

（二）企业的生产流程或管理实践的被迫改变可能会降低这些企业的生产效率。

（三）因遵从环境规制而失去的在其他方面投资的可能性。

（四）对不同的企业采取不同的环保标准可能会损害企业的竞争力。

除了上面提到的原因，还有一些经济学家从不确定性的角度来分析环境规制对企业竞争力的影响。Kip Viscusi （1983：798）认为在一个静态模型中，规制强度的增加会使得产出减少，但这才是第一步；如果投资是不可逆的，企业预期到环境规制强度会逐渐加强，那么出于规避风险的考虑，企业会进一步减少产品的生产；第三步，即使规制强度是逐渐放松的，由于产品质量的不可逆，企业对产品质量的投资会减少。因此，规制不仅能影响企业当期决定，还会影响企业的远期决定。

Hazilla et al.（1990：865）从环境规制的社会成本出发，认为仅仅从企业生产成本来考虑问题远远不够，还需要从社会成本来考虑规制的影响力，同时必须考虑一般均衡影响和跨期影响，他发现，社会成本远远大于企业成本。

环境规制对市场结构的影响就是上述理论的具体体现，Heyes（2009：4）发现环境规制对大企业而言比小企业更有利。在位者出于自身利益的考虑，策略性地利用规制工具阻碍其他企业的进入，严格的环境规制使得很多小企业承担不起高昂的治理成本，造成了市场集中度的提高，从而损害了市场效率。因此，他建议在设计规制政策及工具时要充分考虑到这些派生效应。

关于环境规制对企业生产率影响方面的实证研究有很多，列举如下。

Dension（1979：127－132）考察了美国环境规制政策对生产率的影响，发现1972～1975年美国16%的生产率下降可归因于环境规制。

Gollop和Robert（1983：670）考察了1973～1979年美国二氧化硫排放限制对56家电力企业生产率增长的影响。结果显示，环境规制政策的实施，迫使企业使用部分低硫煤进行生产，从而造成生产总成本的增加，导致电力产业每年全要素生产率增长下降了0.59%。

Jorgenson和Wilcoxen（1990：339）考察了1973～1985年美国的环境规制对于经济增长的影响，结果发现和没有环境规制时相比，美国的 GNP 水平下降了 2.59%，在黑色金属、化工、石油以及纸浆和造纸产业，环境规制严重影响了这些产业的绩效和竞争力。

Gray（1987：1004）对美国 1958~1980 年 450 个制造业的环境和健康安全规制对生产率水平和增长率的影响进行了实证研究，发现两种社会规制导致产业生产率增长每年平均降低 0.57%。

Barbera 和 McConnell（1990：57）研究了环境规制对 1960~1980 年美国化工、钢铁、有色金属、非金属矿物制品以及造纸等产业经济绩效的影响，发现 10%~30% 的生产率下降可归因于污染治理投资。

传统的观点在 1991 年受到了强有力的挑战。哈佛大学教授波特（1991：168）首次提出环境规制能够提升国家竞争力的主张，后来又与 van der Linde（1995：98）共同发表另一篇文章，进一步详细说明了环境规制如何经由创新而导致产业绩效提高，从而提升产业国际竞争力的过程。波特等认为，环境规制必然与产业绩效和竞争力存在冲突的观点，是从静态的观点出发，而从动态观点看，由于企业并不总是能够作出最优的决策，所以合理设置的环境规制政策能够通过刺激企业的技术创新，产生包括产品和生产过程在内的创新补偿效应，弥补甚至超过环境规制成本，从而使产业达到经济绩效和环境绩效同时改进的状态，并在国际市场上获得"先动优势"，使产业国际竞争力得到提升。

"波特假说"提出后，环境规制与产业绩效、环境规制与产业国际竞争力的关系引起人们极大的兴趣，并引发了广泛的争议。由于波特的结论缺乏明确的理论建构，并且主要是以大量案例分析来证实其假设的，所以学术界围绕着假说的前提、主要内容和理论的普适性等问题，展开了激烈的争论。

国外与波特假说相关的实证研究很多。Mohr（2002：166）基于离散技术变化的"干中学"一般均衡框架推导得到了与波特假说一致的结论,该模型显示内生技术改变使得波特假说变得可行。Murty 和 Kumar(2003:143)发现厂商的技术效率随着环境规制强度的增加而增加,这支持了环境规制的波特假说。Beaumont 和 Tinch(2004:210)认为治污成本曲线法是一种有效的环境治理方法,因为该方法增加了减污的信息透明度,有助于厂商获得经济和环境的双赢局面或至少是"赢平"的前景。Cerin(2006:217)的研究支持了波特假说,他基于科斯的产权和交易成本理论发现了"双赢"发展的私人动机,不过公共支持对于产生这种动机是必需的。Kuosmanen et al.(2009:1641)利用环境成本收益分析(ELBA)方法研究了温室气体减排等环境政策对经济的影响,发现规制具有时间效应,如果采取短期经济成本最小的方法治理污染,其收益往往也是短期的,也就是说"治标不治本";而采取长期经济成本较大的方法治理污染,往往在长期内也能得到额外的收益。

结论中性的研究也有不少。Boyd 和 McClelland(1999:139)基于谢泼德距离函数方法直接度量了环境规制可能造成的效率损失,基本结论是对波特假说争论的两种观点都获得支持。Xepapadeas 和 de Zeeuw(1999:177)把环境税形式的较严格的环境政策效应分解为生产率效应和利润 – 排放效应进行分析,指出尽管不能期待环境规制导致排放减少和利润增加的"双赢"情景,但某种折衷是可能达到的,比如生产率增加以及对利润的影响远小于减排量。

尽管波特假说得到了很多证明,质疑的声音始终存在。主要在以下两个方面。

(1)Jaffe et al.(1995:155)认为,企业作为追求利润最大化的决策主体,不会放弃任何潜在的获利机会,如果真如波特所言,从事污染防治所投入的成本,不但可通过创新产生的利益来抵消,甚至还有净利润产生的话,企业没有理由放弃这样的获利机会，而非得通过政府的规制措施。所以，环境规制固然可以将外部成本内部化，提高社会福利，但也必定会增加企业的私人成本，降低其生产率，因为天下没有免费的午餐。

（2）Palmer et al.（1995：120）认为，波特假说更多的是基于推测和轶事，而不是系统的分析，经济学家有理由怀疑这种建立在非最优行为假设并且依靠轶事支持的假说。

对上述质疑的回应主要有两个方面。第一种观点认为波特假说的实现需要一定的时间，Lanoie et al.（2008：127）对魁北克地区的环境规制的强度和全要素增长率之间的关系作了实证分析，发现波特假说的动态效应应该通过滞后变量来实现，从即期效应看，两者之间的关系是负相关的，但从远期来看，其关系是正相关的，而且越在国际竞争激烈的部门和污染严重的部门，波特假说越明显。

第二种观点从非合意性产出的角度来解释这个问题，Chung et al.（1997：230）发现在争论波特假说是否成立的过程中忽略了一个因素，那就是计算环境规制的成本收益时没有考虑非合意性产出，这是因为污染物等非合意性产出没有价格，不是市场化商品，传统的全要素生产率测度方法（Tornqvist 指数法和 Fischer 指数法）无法解决这些问题。如果非合意性产出有市场价格，计算规制的成本收益就非常简单，政府实行规制也就非常方便。为了解决这个问题，一种方法是采用排放交易价格或者参照 Pittman（1983：887）、Fare et al.（1993：378）等计算出来的影子价格代替非合意产出的价格；另外一种方法是采用 Malmquist 生产率指数（Fare et al.，1997：121），这种指数不需要价格信息，而是基于谢泼德距离函数来描述多投入多产出的生产技术变化，但这种指数法没有考虑环境约束，因此逐渐被 Malmquist-Luenberger 生产率指数方法所代替。Chambers et al.（1996：409）和 Chung et al.（1997：230）在谢泼德距离函数的基础上首次采用方向性距离函数法（Directional

Distance Function），构建了 Malmquist-Luenberger 生产率指数，较好地解决了污染物等非期望产出的效率评价问题，从而得到了广泛的应用（Fare et al.，2005：479；Macpherson，2010：1919；涂正革，2008：99；涂正革、肖耿，2009：48；王兵、吴延瑞、颜鹏飞，2008：24；岳书敬、刘富华，2009：100；吴军，2009：22；陈诗一，2010a：137，2010b：28）。

Malmquist-Luenberger 生产率指数方法的另外一个优点是可以把全要素生产率指数进行分解，当全要素生产率指数出现增长时，这种增长也许不仅仅是技术进步造成的，还有可能是效率改变或者是规模经济造成的，只有通过分解，才有可能解释清楚全要素的增长哪些是由于技术上的进步，哪些是由于效率上的改进或规模经济。Farrel（1957：254）首次在经济学文献中引入技术效率的概念，并将技术效率的测度变成经济增长理论的一个重要领域。Nishimizu 和 Page（1982：923）首次采用参数前沿方法，将全要素生产率（TFP）的增长分解成前沿技术变化和相对前沿的技术效率的变化，而 Fare et al.（1994：68）首次采用非参数方法计算并分解了全要素生产率的增长；Atkinson 和 Cornwell（1994：239）提出了利用面板数据在成本前沿函数模型中估计技术效率与配置效率；Atkinson 和 Primont（2002：209）在影子成本和距离函数框架下采用随机方法分解了生产率的变化。

国内方面，张军、施少华（2003：21）运用参数分析的方法，通过对 1952～1998 年中国经济统计数据的回归分析，计算了中国经济全要素生产率及增长率，1978 年的 TFP 水平与 1952 年相比，不仅没有增长，反而有所退步。但是在改革开放之后，中国经济的 TFP 有了明显的提高。王兵、颜鹏飞（2007：96）运用当期 DEA 和序列 DEA 的方法测度了 1960～2004 年 APEC 17 个国家的技术效率、技术进步和 Malmquist 生产率指数，发现 20 世纪 80 年代东亚地区全要素增长率贡献高于其他 APEC 国家，但这篇文章没有考虑环境污染问题。王兵、吴延瑞、颜鹏飞（2008：25）把环境考虑在内，用 Malmquist-Luenberger 指数方法测度了 APEC 17 个国家和地区 1980 ~ 2004 年包含 CO_2 排放的全要素生产率增长及其成分，发现考虑环境后，APEC 国家的全要素生产率增长水平提高了，技术进步是其增长的源泉。胡鞍钢等（2008：949）则把 DEA 方法运用到国内，他在中国省级数据的基础上，采用方向性距离函数为表述的全要素生产率模型，对省级生产率绩效度量中的"技术效率"指标在考虑了环境因素的情况下进行重新排名。涂正革（2008：101）采用了和胡鞍钢等（2008）同样的方法，利用方向性距离函数，依据全国 30 个省市的要素资源投入、工业产出和污染排放数据，计算各地区的环境技术效率，并对环境技术效率的差距进行了回归分析。涂正革、肖耿（2009：48）更进一步，考虑了产业结构变化对工业竞争力的影响，他采用中国 30 个省市 1998 ~ 2005 年规模以上工业投入、产出和污染排放数据，构建环境生产前沿函数模型，讨论了环境规制和产业结构变化对工业增长模式转变的影响。陈诗一（2009：45）构造了中国工业 38 个二位数行业的投入产出面板数据库，利用超越对数分行业生产函数估算了中国工业全要素生产率的变化并进行了绿色增长核算，发现改革开放以来中国工业总体上已经实现了以技术驱动为特征的集约型增长方式，但在一些能耗高的行业依然体现为粗放型增长，必须进一步提高减排技术。陈诗一（2010a：138）设计了一个基于方向性距离函数的动态行为分析模型对中国工业从 2009 年到 2049 年节能减排的损失和收益进行模拟分析，发现可以找到节能减排的双赢路径。涂正革（2009：272）采用非参数方法构建了 Panel Data 的方向性环境生产前沿生产模型，衡量了各地区的二氧化硫排放的影子价格，分析发现，二氧化硫的影子价格取决于排放水平和生产率水平的高低，当二氧化硫排放水平较高、生产率水平较低时，减少排放的代价较低；相反，生产率水平较高、污染排放水平较低时，减少排放的代价较大。

这些方法的使用改变了传统计算生产率的方法，并把污染物等非合意性产出包括进来，计算出来的生产率一般大于不考虑污染产品的生产率，从而给环境规制的成本收益分析提供了新的视角。

最新的一篇很有意思的文献（Lovely and Popp，2008）从另外一个角度来说明技术创新的有效性，该文献发现穷国和富国相比，往往在人均收入更低的时候就采取相同环境规制水平，主要原因是因为国际经济一体化使得环境技术的扩散变得更为迅速，使得采用更新的环境技术更为方便，这从另外一个侧面证明了技术创新的重要性。

第三节　环境规制的工具分析

环境规制是必须要实行的，因为不进行规制将导致环境资源被滥用，生态被破坏，人民健康受损，资源枯竭，这些损害很多都是不可逆的，甚至会造成灾难；同时，规制会带来较大的负担，至少在短期内影响企业的出口、投资和效率；虽然在长期内有利于企业创新，但波特假说是有前提的，那就是必须要有一套设计得很好的规制政策才能顺利地达到这一目标。

一　几种工具的有效性比较

关于规制工具的讨论已经有很多成熟的经验，但任何规制工具的设计都包含了两条：第一，环境规制标准或者总体目标的设定；第二，最优工具的具体选择和实施。

在现实生活中，命令控制型环境规制工具得到了最广泛的使用，因为它具有容易操作、见效快等特点。但是命令控制型规制工具最大的缺点是实施成本很高，为了和市场激励型规制工具达到相同的环境质量标准，其成本往往是后者的几倍甚至几十倍，大量的实证文献证明了这一点（Atkinson and Lewis，1974：247；Seskin et al.，1983：120；McGartland，1984；Tietenberg，2001：226 - 242）。

实施命令控制型规制工具所需高昂成本的原因在于社会计划者和排污者之间的信息不对称，搜寻、监管、惩罚等需要大量的人力物力，而市场在集中信息方面具有绝对的优势，这是众所周知的原理。市场激励型规制工具的第二个优势是对排污者技术创新的激励作用，一些经济学家（Magat，1978：4；Malueg，1989：55）发现，由于在市场激励型环境规制机制下排污者采用先进技术能够获得更多的收益，他们将有更多的动力去发明和应用新技术。

基于市场的环境规制工具主要分为三类：环境费、排污权交易和政府补贴。这三者之间的关系分析如下。

征收环境税的依据是庇古定理，理性排污者会把排污量固定在环境税税率等于边际治污成本的水平上。边际治污成本低的排污者将减少较多排污量，而边际治污成本高的排污者将减少较少的排污量。环境税的优点是它有很强的激励作用，并且是政府重要的收入来源，它不需要政府使用其他财政收入来治理污染，因而减少了税收扭曲（Lee and Misiolek，1986：341）。Joskow 和 Schmalensee（1998：80）指出，和排污权交易相比，环境税的最大好处是不需要依赖市场的平稳运行和发展。而排污权交易制度是否有效则受市场交易成本的高低、排污者策略行为及信息完美度等因素的影响（Hahn，1984：763；Tietenberg，2001：406 - 411）。而且，根据谁污染谁治理的原则，环境税制度符合公平原则。

环境税制度最大的缺陷是在设置税率方面的困难，最优的环境税税率设置应该使边际税率等于边际社会损失，但规制者缺乏足够的信息，其税率设定往往是不准确的。税率设计过高会使得排污者承受太大的治污负担，影响整体经济绩效；税率太低则会使得排污者过度排放，而且因为其法律上的合理性，甚至会比没有规制时排放更多（Ng，2004：401）。即使是一个比较恰当的名义税率，在经济增长和物价水平不断上涨的情况下，在一段时间后也许就不再适用，需要规制者作周期性的调整。

排污权交易制度不存在这样的问题，在总排污量给定的情况下，上升的需求压力能够被上涨的拍卖价格所消化（Dewees，1983：57）。同时这种制度安排在激励排污者减少污染，加大创新和研发，实现污染排放在不同的排污者之间的重新配置从而达到治污成本最小化等效果方面和排污税制度是一致的，Montgomery（1972：414）对排污权交易工具的有效性作了详细的论证。

和环境税制度下规制者事先不能预测排污量到底是多少类似，排污权交易制度下则会出现排污许可的交易价格不确定的情况（Stavins and Whitehead，1992：197），这时需要充分竞争的市场结构。排污权交易还涉及如何分配排放许可的问题，一般来说有两种方法，一种是无偿分配，一种是通过拍卖方式分配。无偿分配有利于减少排污者的成本，为排污者创造了租金，遇到的阻力较小（Bovenberg et al.，2005：961），坏处是政府不得不征收其他税收来提供污染治理和服务，造成了一定的扭曲。无偿分配还会使分配过程中产生不公平现象，因为是按照历史记录、生产能力还是其他标准分配，尚没有定论。而拍卖方式分配不存在这样的问题，但是推行过程会遇到较大的阻力。排污权在排污者和受害者之间如何分配是另外一个问题，马士国（2009：443）通过对两种非效率均衡的比较，从确认最低成本预防者的角度分析了环境产权的分配，指出这种规则下的环境产权分配将导致相对更有效率的结果。

环境税和排污权交易制度孰优孰劣，很难区分。Weitzman（1974：485）分析了在不确定条件下数量型规制工具和价格型规制工具之间的效率比较。他发现，尽管在确定性条件下两者都可能达到最优，但在不确定条件下，不同工具的选择将带来不同的结果。在边际收益曲线陡峭而边际成本曲线水平的情况下，数量型规制工具就是相对有利的。因为如果采取价格型规制工具，同时环境规制者低估了污染控制的真实成本，污染排放者的净收益大于零，污染浓度只要稍微上升，就会导致灾难的发生。相反，如果边际治污成本曲线陡峭，而边际收益曲线相对平坦，在不完美信息下，如果采取数量型规制工具，一旦环境规制者采取了过于严格的标准，就会对污染者征收巨大的过头税，在这种情况下价格型规制工具就是相对有利的。

排放补贴是除环境税和排污权交易制度之外的又一种规制工具，前者是"胡萝卜"，后两者是"大棒"。早期的研究认为环境税和排放补贴是等价的，但接下来就有研究认为两者之间的效率并不一致（Kneese and Bower，1968：97-101）。最主要的差异在于补贴增加了企业的利润，延迟了企业的退出，使得排污总量增加了；而环境税减少了企业的利润，加快了企业的退出，并减少了企业的排污量（Kohn，1985：350）。

除了上述所说的三种基本工具以外，还有一些混合工具在现实中被使用。Collinge 和 Oates（1982：353）提出，排污权交易许可制度除了排污者之间可以交易之外，规制者也应该参与进来，通过公开市场操作影响排污总量。Unold & Requate（2001：356）提出多阶段收费和多类型收费混合工具，多阶段收费是指对于不同的排污量区间征收不同的税率，多类型收费是指对于不同的排污量区间颁发不同的许可证，各种许可证之间的价格不一致，这样的制度安排有利于规制者对于递增的环境损害成本作出反应。

Muller 和 Mendelsohn（2009：1734）认为要对不同来源的排放物征收不同的费用，因为有效的环境规制必须是排污者的边际治污成本等于污染造成的边际损失，他们以美国电力行业二氧化硫排放为例，指出如果采取上述措施，每年减少的边际社会损失将达到31亿~94亿美元，而从有效地设定总排放量等方面得到的收益还要增加几倍。

押金-返回制度是另外一种在西方国家被广为使用的混合制度，潜在排污者先支付押金，如果他最后能够返回支付过押金的物品，就可以证明污染没有发生，获得押金退还，这种制度安排节省了规制者的监测成本，因而是有效的，但是其应用范围还受到限制（Fullerton and Kinnaman，1995：80）。

近年来，自愿性规制越来越受到重视，Arimura et al.（2008：291）的发现表明，ISO14001认证标志以及环境绩效白皮书等工具在处理自然资源使用、固体垃圾、污水排放等污染物时是有效的，节约了规制成本，应该加大推广力度，只是该工具的使用还必须和排污者的意愿相结合。

二　环境规制绩效和经济政治体制

Sterner（2002：136-149）从经济体制出发来分析环境规制工具的效率，他发现，环境规制工具的选择和经济体制的特点，决定着治污成本曲线的位置和斜率。以前的观点认为，低收入和很少控制污染的国家边际治污成本比较低，但实际上，这些国家由于缺少信贷和技术，以及存在较高的失业率，承受不起治污带来的社会问题，治污成本曲线通常较陡，这就可以解释为什么这些国家愿意采取较低的污染收费标准。

环境联邦主义是另外一个要考虑的问题，对于规制者是建立一个统一性的费率标准还是不同的地方采取不同的税率标准，

Peltzman 和 Tideman（1972：962）指出不同地区削减污染物的成本收益在各地都不一样，最优结果自然是分权更有效率。Oates 和 Schwab（1989：336）建立了一个模型以分析区域之间的竞争，在他们的模型中，地方官员同时使用资本税和排放许可（或替代地使用排污费）这两种工具来吸引资本，同质的工人－居民根据简单多数规则作出选择，各个区域选择这两种工具的社会最优水平。他们的分析支持环境联邦主义，认为分权决策方式是有效的。但他们的结论都是基于选举制度下的结果，对官僚性的机构架设条件没有详细分析。

第四节　文献述评

现有文献对于环境规制的研究已经相当丰富，但依然有一些问题需要讨论。

（1）关于环境规制与经济增长。现有文献没有区分不同治理方法下的长期经济增长绩效。控制污染有两种思路，一种是"末端治理"，另外一种是"源头控制"，不同思路产生的治污效果是不一样的。

（2）关于环境规制和全要素生产率。在用 DEA 模型计算全要素生产率时，通常有四种方法：径向角度模型、径向非角度模型、非径向角度模型、非径向非角度模型，已有文献采取的大多是径向角度的 DEA 模型和非径向非角度的 DEA 模型（SBM），径向角度模型通常忽略了投入或产出的某一方面，非径向非角度（SBM）模型改进了上述缺陷，但正如涂正革（2011：58）、Tone（2010：901）所说，SBM 模型并不成熟，在松弛的经济内涵上存在理解和解释的困难，不如传统的 DEA 方法便于考察和诠释，需要采用新的能够结合两者优点的方法。

（3）现有文献在讨论环境规制与外商直接投资的关系时，通常使用"晋升锦标赛"理论，该理论在解释"污染天堂"和"逐底效应"时通常有效，却无法解释"腾笼换鸟"和"承接转移"并行不悖的新现象。

本书正是基于上述未解决的问题，在梳理已有文献的基础上，希望能够作进一步的讨论和分析，并提出相应的政策建议。

第三章　环境规制理论及中国的
环境管理体制

第一节　环境问题

一　环境问题的定义

人们对环境这个名词其实并不陌生，环者，围绕也；境者，疆界也。环境总是作为某一中心事物的对立面而存在，总是相对于某一中心事物而言，它因中心事物的不同而不同，因中心事物的变化而变化，我们研究的环境是人类的生存环境，其中心事物是人（童宛书、黄裕侃，1983：37－56）。

环境问题从广义上来讲是因自然或人为的原因引起的生态系统破坏，直接或间接影响人类生存和发展的一切现实的或潜在的问题；从狭义上来讲，环境问题是指由于人类的生产和生活方式所导致的各种环境污染、资源破坏和生态系统失调（吴彩斌、雷恒毅、宁平，2005：19－33）。环境问题可以分为原生环境问题和次生环境问题，原生环境问题又叫作第一环境问题，是指由于地震、洪水等自然因素造成的灾害，不属于环境经济学研究的范围。而次生环境问题，是指由人类活动造成的对环境的破坏，比如环境污染和资源耗竭等问题，是环境经济学研究的主要对象。

二　环境问题的分类

左玉辉（2002：57 – 92）把环境问题分为三类。

（一）生态破坏

生态破坏是人类社会活动引起的生态退化以及由此衍生的环境效应导致的环境结构和功能的变化，对人类的生存发展以及环境本身发展产生不利影响的现象，包括水土流失、沙漠化、荒漠化、森林锐减、土地退化、生物多样性的减少以及地面下沉、湖面富营养化等。

（二）资源耗竭

自然资源是人类生存发展不可缺少的物质依托和条件，也是可持续发展首先要解决的问题之一。资源匮乏主要表现在以下几个方面：可利用土地资源紧缺，森林资源不断减少，淡水资源严重不足，某些矿产资源以及能源濒临枯竭，一些珍贵生物品种已经或者即将灭绝。

（三）环境污染

环境污染是指由于人为的因素，使得有害物质或者因子进入环境，破坏了环境系统正常的结构和功能，降低了环境质量，对人类及环境系统本身造成的严重损害。

环境问题并非现在才产生，而是自古有之。英国伦敦在 13 世纪 70 年代就颁布了一项禁止使用烟煤的法令。恩格斯曾经告诉人们要警惕大自然的报复，他说：美索不达米亚、小亚细亚、希腊等地的居民，为了得到耕地把森林砍光，结果把这些地区变成了荒芜不毛之地；加拿大西部边界和美国西部草原由于开垦和过度放牧，引起了灾难性的黑风暴，毁坏了牧场和农业（《马克思恩格斯选集》第 3 卷，1995：334 – 335）。而在我国，《秦律十八种·田律》就说，春天二月，不准到山林中砍伐木材，不准堵塞水道，不到夏季不准烧草作为肥料，不准采摘刚发芽的植物或者捕获幼兽、鸟卵和幼鸟。

根据人类的不同历史发展阶段，环境问题可以分为三个不同的阶段。

第一个阶段是狩猎阶段。在这一阶段人类主要是通过采摘和捕猎来寻找生存所需要的食物，是盲目的利用环境而不是有意识地改造环境。这一阶段产生的环境问题主要是随着人口的自然增长，由于无知的乱采滥捕对动植物资源的损害，或者由于不慎使用火源而引起的草原森林大火，破坏了生物资源，从而引起饥荒。

第二阶段是农业阶段。随着农耕文明的到来，人类改造世界和利用世界的能力越来越强，在这一阶段产生的主要环境问题是农地扩张导致的过度砍伐森林、破坏草原等引起的水土资源的流失和土地的沙漠化、盐碱化；因为不适当的修建水利导致的土壤沼泽化；等等。但由于大规模的工业革命还没有到来，虽然许多城市已经出现了手工作坊或者工场，生产却并不发达，所引起的环境污染问题并不严重。

第三个阶段是现代工业化阶段。工业化革命后人类进入了大机器生产阶段，随着蒸汽机和内燃机的发明和使用，对煤炭石油等化石燃料或者原料的需求越来越大，一些发达的城市和工矿排放出了大量的废气、废渣和工业废水，由此造成的环境污染严重威胁着人类的生存和发展。

三 环境破坏的历史阶段划分

在中国历史上出现的比较大的环境恶化主要有四次（秦大河等，2002：345－366）。

（一）第一次恶化时期：秦至西汉

先秦时（公元前 3 世纪以前），全国人口只有 2000 万，周朝比较重视山林川泽的保护，专门设有环境管理机构，全国森林覆盖率达到了 53%，黄河水较清。从秦朝以后直到西汉，由于结束了大的战乱，全国人口大量增长，到公元 2 年，已经达到了 5959 万人。人口的急剧增加导致粮食的短缺，国家因此鼓励屯垦田地，从而导致黄土高原上许多游牧区变成了农业区，使森林和草原都遭到了严重的破坏，水土资源流失严重，黄河水由清澈逐渐变得浑浊，淤泥的堆积使得黄河频繁地泛滥和改道，形成了独特的"悬河"景象。

（二）第二次恶化时期：唐、宋、金、元

从东汉一直到隋朝时期，中国历史上战乱不断，公元 280 年，全国人口仅有 1616 万。进入唐朝以后，出现了中国封建历史的鼎盛时期，人口大幅度增加，唐玄宗天宝十四年（公元 755 年），全国人口达到了 5300 万；公元 1300 年的元朝时期，人口增加至 5884 万。宋朝的人口继续增加，而且不设山林川泽的保护机构，导致林区大量减少，水土流失严重，宋朝 300 年，黄河就决口了 40 多次。

（三）第三次恶化时期：明清时期

明清时期，随着人口急剧膨胀，环境空前恶化。比如清朝雍正二年（1724 年），全国人口才 2500 万，而到了乾隆三十一年（1766 年），人口翻了 3 番以上，达到了 2 亿 900 万人，而到了鸦片战争之后（1849 年），人口已经达到了 4 亿 7000 万人。因为人口迅速增加和环境遭受破坏，黄河在明朝就决口了 60 多次。

（四）民国至今

民国以及 1949 年新中国成立之后，我国逐步进入工业化阶段，石油煤炭等大量化石燃料的使用，以及钢铁、造纸、水泥、化工等行业的兴起，导致我国的环境问题再次恶化，水源、大气、土地都受到了不同程度的污染。例如，根据《2010 年中国环境状况公报》，2010 年，全国地表水污染严重，长江、黄河、珠江、松花江、淮河、海河和辽河等七大水系总体为轻度污染。204 条河流的 409 个国控断面中，Ⅰ至Ⅲ类、Ⅳ至Ⅴ类和劣Ⅴ类水质的断面比例分别为59.9%、23.7% 和 16.4%。全国各大湖库也都不同程度地存在富营养化现象。表3-1列出了 2010 年全国重点水库的水质类别。

表 3-1　2010 年全国重点湖库水质类别

湖库类型	个数	Ⅰ类	Ⅱ类	Ⅲ类	Ⅳ类	Ⅴ类	劣Ⅴ类	主要污染指标
三湖	3	0	0	0	0	1	2	
大型淡水湖	9	0	0	3	0	3	3	
城市内湖	5	0	0	0	2	1	2	
大型水库	9	0	1	2	2	1	3	氮、磷
总　计	26	0	1	5	4	6	10	
比例(%)	0	0	3.8	19.2	15.4	23.1	38.5	

注：三湖是指太湖、滇池和巢湖。
数据来源：《2010 年中国环境状况公报》。

第二节　环境规制的理论基础

一　可持续发展

可持续（sustainable）一词来自拉丁文 sustenere，意思是 hold up，即保持下去、维持下去的意思（钟水映、简新华，2005）。人类在长时期的追求财富的增长和生活质量改善的过程中，不断思考增长和发展之间的关系、人与自然之间的关系以及生活的本质和意义等有关人类的前途和命运的哲学命题，最终得出了可持续发展的逻辑结论。可持续发展的概念首先是由世界自然保护联盟（International Union for Conservation of Nature and Natural Resources）1980 年在受联合国环境规划署的委托制定的《世界自然保护大纲》中提出来的，至今不过 30 年，但在世界上引起了广泛的讨论，给人类在协调经济发展和保护环境的关系中提供了坐标。

二　环境资源的稀缺性

环境规制的首要依据是环境资源的稀缺性，传统的生产要素理论只包括劳动力、资本、土地等，并不包括环境，因为在非工业化时期或者工业化初期，环境资源并不十分稀缺，其自身的净化能力完全可以吸收污染物，只有当工业化水平发展到一定阶段，环境自身的净化能力已经不能容纳污染物的排放时，环境作为一种生产要素才被纳入经济物品的范畴，环境规制也就有了必要。

三　市场失灵

所谓市场失灵是指由于市场机制的某些障碍所造成的对资源配置缺乏效率的状态。造成市场失灵的主要原因为：外部性、公共品、有限理性、信息不对称、产权不明晰。当市场对资源配置失去效率的时候，就需要政府来对资源进行配置，以"看得见的手"取代"看不见的手"，尽管政府往往也是失灵的。

四　有限理性

有限理性的概念是赫伯特·西蒙（Herbert Simon，1989：85－99）提出来的，他认为人们在决策的过程中由于受到各种条件的限制，一般只能选择满意解而不能得到最优解，在环境问题上同样也是如此，人们对环境的认识存在着一个逐步深化的过程，从最初的肆意破坏坏境到意识到必须和谐利用环境资源，是随着不断的实践过程以及环境科学、经济学、伦理学等学科的不断发展而发展的，同时机会主义的存在也使得人们有破坏环境的动机。

五　外部性

外部性理论是由 Marshall（1890：41－49）第一次正式提出

的，他指出外部性一般是指个人或者企业对另一方造成的无意的、不用补偿的副作用。Pigou（1920：132－149）进一步提出边际私人成本和边际社会成本、边际私人纯收益和边际社会纯收益等概念，由于边际私人收益和边际社会收益之间存在差异，经济个体在谋求自己利益最大化的过程中，就会以环境为媒介，向外界释放外部性。所以 Spulber（1989：46－52）定义外部性是指缺乏经济交易的双方当事人，一方给另一方提供的物品束。外部性可以区分为正外部性和负外部性两种类型，蜂场蜜蜂为邻居果园授粉是正外部性的一种表现，但现实生活中更多地表现出外部不经济的实例，也就是私人成本低于社会成本。

环境污染同样是负外部性，因为对于环境污染造成的收益由污染主体者独享，而对社会造成的危害却由全体社会成员来负担。正是私人成本和社会成本的不对称性，环境污染主体对于环境资源的使用会超过帕累托最优，从而导致整个社会的福利损失，我们用图 3－1 来表示。

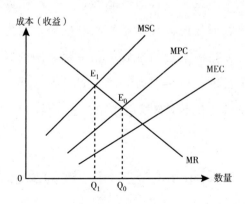

图 3－1 环境问题的负外部性

在图 3－1 中，MEC 表示边际外部成本，MPC 表示边际私人成本，MSC 表示边际社会成本，MR 表示边际收益，边际社会成本和

边际收益的相交点 E_1 为帕累托最优点，但当存在外部性时，实际均衡点为 E_0，消费者不承担边际外部成本 MEC，从而使得消费量从 Q_1 增加到了 Q_0，Q_1Q_0 即环境资源被滥用的部分。

六　公共物品

一般而言，物品按照产权的完善程度，可以分为公共物品和私人物品，区分所用的主要依据是非排他性和非竞争性。所谓非排他性，是指无法根据参与者是否缴纳了相应的费用而限制他对资源的利用和开发，也就是说，任何人都可以自由进入。所谓非竞争性，是指随着使用者的增加，某种物品的使用成本并没有上升，大家都享受利用资源所带来的好处而不必付出相应的代价。正如 Hardin（1968：1244）所设想的，在一个自由使用的公地里，利用公地的收益归于自己，而成本则由大家负担，从而公地资源被滥用，最终酿成破坏性的后果，这就是所谓"公地悲剧"。环境资源具有典型的公地性质，首先环境资源具有非排他性的性质，水、空气、土地等往往很难划分为私人产权，或者即使能够划分，产权界定成本也是巨大的；环境资源也部分地具有非竞争性的性质，因为环境具有一定的自我净化能力，当污染物的排放量在一定限度内时，对环境资源的使用是非竞争性的。正是因为环境资源具有这些性质，所以必然会被滥用，市场机制又不能自发起作用，政府的参与就显得必要了。

第三节　我国的环境立法、机构及管理体制

一　环保法律法规的修订历程及评价

（一）环保法律法规的修订历程

新中国建立之初，我国并没有专门的环保机构，也没有完整的

环境法律法规。随着工业化进程的推进，污染问题凸显，引起了政府的重视。1972年6月我国政府代表团参加了联合国人类环境会议，会议通过了《人类环境宣言》，提出了可持续发展的概念，以此为契机，1973年8月我国召开了第一次全国环境保护工作会议，通过了《关于保护和改善环境的若干规定》（以下简称《规定》），这是新中国第一个环境保护文件，《规定》提出了当前仍然被执行的"三同时"原则，即污染防治和主体工程"同时设计、同时施工、同时投产"，这一原则对我国的环境保护起到了相当大的作用。

1978年3月5日，全国人大五届一次会议通过的《中华人民共和国宪法》第一章第十一条规定："国家保护环境和自然资源，防止污染和公害。"这是新中国成立后第一次在宪法中对环境保护作出明确规定，奠定了我国环保工作的法制基础。1979年9月，五届全国人大常委会第十一次会议通过的《中华人民共和国环境保护法（试行）》使环境保护工作得以全面展开，这是环境保护的基本法，我国的环境法律体系开始建立。

1983年，第二次全国环境保护工作会议将环境保护正式确定为国家的一项基本国策，提出了环境保护的三项基本原则："预防为主、防治结合"、"谁污染、谁治理"、"强化环境管理"。《中华人民共和国环境保护法（试行）》颁布以后，特别是二次环保工作会议之后，《海洋环境保护法》（1982）、《水污染防治法》（1984）、《森林法》（1984）、《草原法》（1985）等一系列相关法律制度相继订立和施行。

"七五"（1986～1990）期间，1986年召开的全国人大六届四次会议通过的《中华人民共和国国民经济和社会发展第七个五年计划（1986～1990）》中规定了防治工业污染、控制重点城市污染、保护江河水质、保护农村环境和生态环境方面的任务（白永秀、李伟，2009：25）。1989年新修改颁布的《环境保护法》明确规定："国家制定的环境保护法规必须纳入到国民经济和社会发展计划，国家采取有利环境保护的经济政策和措施，使环境保护工作同经济建设和社会发展相协调。"

"八五"（1991～1995）期间，我国发布了《二十一世纪议程——中国 21 世纪人口、环境与发展白皮书》，从人口、环境与发展的具体国情出发，提出了我国可持续发展的总体战略、对策以及行动方案，确定了污染治理和生态保护重点，加大了执法力度。（国家统计局，2011）。

"九五"（1996～2000）期间，1996 年 3 月 5 日～17 日全国人大八届四次会议通过了《中华人民共和国国民经济和社会发展"九五"计划和 2010 年远景目标纲要》，首次提出把环境保护纳入现代化建设的目标中，坚持经济建设、城乡建设与环境建设同步规划、同步实施、同步发展，各级政府要严格依法管理环境，特别要加强对工业污染源的控制。同年 7 月国务院召开的第四次环境保护工作会议通过了《国务院关于加强环境保护的若干决定》，确立了污染防治和生态保护并重的方针，指出"要按照污染者付费、利用者补偿、开发者保护、破坏者恢复"的方针，在基本建设、技术改造、综合利用、财政税收、金融信贷方面制定和完善促进环境保护和防止环境污染、生态破坏的经济政策和措施。在此期间，修订了《中华人民共和国水污染防治法》（1996）、《中华人民共和国海洋环境保护法》（1999）等法律法规；制定了《中华人民共和国环境噪声污染防治法》（1996）、《中华人民共和国水污染防治法实施细则》（2000）、《中华人民共和国大气污染防治法》（2000），同时在修改后的《刑法》中还加入了"破坏环境资源保护罪"以及"环境保护监督渎职罪"，使得法律体系得到了很大的补充和完善。

"十五"（2001～2005）期间，2003 年 10 月召开的中国共产党十六次三中全会首次提出树立科学发展观、建立和谐社会的战略思想。2005 年 10 月十六次五中全会提出要加快建设资源节约型、环境友好型社会，大力发展循环经济，加大环境保护力度。同年 12 月 3 日，《国务院关于落实科学发展观加强环境保护的决定》明确指出："把环境保护摆上更加重要的战略位置，加强环境保护是落实科学发展观的重要举措，是全面建设小康社会的内在要求，是坚持执政为民、提高执政能力的实际行动，是构建社会主义和谐社会的有力保障。"在此期间，还修订了《中华人民共和国固体废物污染环境防治法》（2004），通过了《中华人民共和国清洁生产促进法》（2002）、《排污费征收使用管理条例》（2003）、《中华人民共和国土地管理法》（2005）等法律法规。其中，《中华人民共和国清洁生产促进法》是我国第一部循环经济法，标志着我国治理污染方式的重大变化，即由"末端治理"向"全过程控制"转变。

"十一五"（2006～2010）期间，2006 年 3 月 14 日十届全国人大四次会议通过的《关于国民经济和社会发展第十一个五年发展纲要》提出要落实节约资源和保护环境基本国策，建设低投入、高产出，低消耗、少排放，能循环、可持续的国民经济体系，坚持预防为主、综合治理，强化从源头防治污染，坚决改变先污染后治理、边治理边污染的状况。"十一五"期间还修订了《中华人民共和国水污染防治法》（2008），通过了《节能减排综合性工作方案》（2007）、《中华人民共和国循环经济促进法》（2008）等法律法规。

"十二五"（2011 至今）期间，《国务院关于印发国家环境保护"十二五"规划的通知》中要求加强环境保护法、大气污染防治法、清洁生产促进法、固体废物污染防治法、环境噪声污染防治法、环境影响评价法等法律修订的基础性研究工作，研究拟订污染物总量控制、饮用水水源保护、土壤环境保护、排污许可证管理、畜禽养殖污染防治、机动车污染防治、有毒有害化学品管理、核安全与放射性污染防治、环境污染损害赔偿等法律法规。2011 年 11

月，新的《环境保护法》修订终稿已递交给全国人大常委会审议，但修法的前期工作还在继续。

（二）环境法律法规的评价

新中国成立以后，我国和环境相关的法律法规从无到有，从少到多，从最初的末端治理为主到预防与全程控制再到如今的强调清洁生产、循环使用，一步一步建立起来，应该说取得了很大的成绩，但是和现实要求相比，我国的环境法律法规依然还不完善，存在着多方面的问题，尤其是作为环境基本法的《中华人民共和国环境保护法》自 1989 年正式颁布以来，已经实行了 23 个年头，许多章程条款已经不适应时代的变化和发展的需要，主要表现在以下方面。

1. 立法的目的和指导思想亟待厘清

我国的环境法律法规过于强调工具性，对环境公共利益的保护力度不够。环境保护法的第一条规定："为保护和改善生活环境和生态环境，防治污染和其他公害，保障人体健康，促进社会主义现代化建设的发展，修订此法。"从该条款可以看出，我国的环境法律法规的终极目的是促进社会主义现代化建设的发展，而不是对环境公共利益的保护。虽然在条款中也有防治污染和其他公害、保障人体健康的内容，但在实际上长期处于副产品的地位，这是对环境保护法公共性的扭曲。在政治锦标赛的制度安排下，地方政府官员迫于升迁的压力，环保工作更多的是为地方经济发展服务甚至让路，因此社会公众的公共利益得不到有力的保障。

2. 缺乏对政府环境责任的职能定位

据统计，从新中国成立到 2009 年 9 月为止，我国共制定了 8 部环境法，15 部自然资源法，50 多项环境保护行政法规，200 多件部门规章和行政性文件，800 多项环境标准，1600 多项地方性环境法规与规章制度（国家统计局综合司，2009）。拥有这么多环境法律法规，为什么我国的环境状况没有得到根本性的好转，有些地方还处于持续恶化之中？问题的关键不在于企业和个人，因为外部性的存在使得污染主体始终存在排放废弃物的机会主义冲动；政府的监管不力才是问题的关键，根源即没有对地方政府对因消极治污行为甚至违反环境法规而导致的严重后果所应承担的责任作出明确规定。环境保护法第十六条规定："地方各级人民政府，应对本辖区的环境质量负责，采取措施改善环境质量"，但是如何对环境质量负责，如何改善环境质量，没有具体的规定，从而使得对地方政府的环境责任追究形同虚设。

　　3. "公众参与"的力度不够

　　我国的环境法律法规体系没有充分考虑以"民众"为主体的社会系统的作用，虽然在 2006 年当时的国家环保总局也出台了一些"公众参与"的政策，各类环保组织、有社会责任感的民众和环境污染的受害人也采取信访、抗议等方式表达对环境污染的不满情绪，但这些都是事后监督而不是过程监督，总体而言对政府和企业的影响和制约不够，自下而上的约束经常不能产生良好的监督效果，于是就产生了一个非常荒诞但又确实存在的现象，那就是"边治理，边污染"。

　　4. 各项法律法规的可操作性需要加强

　　当前，我国在大多数环境和资源保护领域都设立了相对完整的法律体系，只有在"生态安全、环境健康、温室气体控制"等少数领域尚缺乏专门立法。但在现有的体系中，许多法律法规的可操作性不强，比如我国的"三同时"项目和环境影响评价制度在实际执行过程中很多没有落到实处。而 2008 年修订的曾被认为是我国环境立法典范的《水污染防治法》，自实施以来效果并不理想，对国家确定的重要河流和湖泊的水污染防治，普遍存在治污工作进度缓慢、资金到位率低、执法能力弱的现象，法律更像是一种倡议性的口号（舒旻，2009：11）。

二　环保机构的历史变迁

国家对环境保护工作的重视程度是逐步加强的，在新中国成立后相当长时间内，由于工业化程度还不高，人们的环保意识还不强，一直没有专门的环保机构。虽然在第一个五年计划期间，在旧城改造和新城建设的过程中，疏浚治理了一些污染严重的河道沟渠，但并非有意为之。而接下来的"大跃进"在围湖造田、乱砍滥伐的过程中，更是严重破坏了环境。一直到1972年6月联合国召开斯德哥尔摩人类环境会议后，我国才逐渐重视环境保护工作，1974年设立的"国务院环境保护领导小组办公室"虽然是一个临时机构，但却是国家关注环境保护的开始，从此以后，环境因素在经济建设和工农业生产中再也不是一个外生变量，而是一个内生变量，对消费者的效用和生产者的成本都产生了影响。虽然中间也有反复，比如1982年由于机构改革，把环境保护部门纳入城乡建设环保部的下属机构，名义上从临时机构变成了正式机构，实际上由于行政级别的降低，反而影响了机构的权威，为此，不得不在1984年5月设立国务院环境保护委员会，协调环保部门和其他部门的工作。但总体而言，国家对环境保护工作越来越重视，这从环保机构的变化过程也可以看出，1988年之后，国家环保局成为直属于国务院的副部级机构，同年又转变为正部级机构，这是一个重大的飞跃。2008年环保局改名为环境保护部，虽然级别没变，但反映了国家对环保工作的重视程度，以下是环境保护机构的沿革。

（1）1949～1972年，我们国家没有常设的环保机构。

（2）1973年，经国务院批准，召开了第一次全国环境保护大会，制定了第一个环保文件。1974年12月，成立了第一个临时性环保机构"国务院环境保护领导小组办公室"，简称"国环办"。

（3）1982 年，因机构改革撤销了临时机构"国环办"，将国家建委、城建总局、建工总局、国家测绘局、国务院环境保护领导小组办公室合并为"城乡建设环境保护部"，下设环境保护局。

（4）1984 年 5 月，设立国务院环境保护委员会。1984 年 12 月，环境保护部门从城乡建设环境保护部单列进入政府序列，但不改变隶属关系。

（5）1988 年，国家环保局从城乡建设环保部独立出来，成为直属国务院的副部级单位。

（6）1998 年，正式升格为正部级的国家环保总局。

（7）2006 年，成立了 5 个环保监督中心，进一步加强环境执法能力，2007 年又增加了华北环境保护监督中心。

（8）2008 年，改名为环保部。

三　现行环境管理体制

从图 3 - 2 我们可以知道，各级人大负责有关环境保护工作的立法工作，各级政协机构具有建议和监督权力。全国人大设有环境与资源保护委员会，专门研究、审议、拟定有关环境方面的议案，同时还负有对有关决议通过后的执行和实施情况的监督责任。全国政协同样设有人口资源环境委员会，委员主要围绕关系国家环境保护、人口资源与可持续发展等方面的重大问题进行战略性和全局性的讨论和研究，讨论形成的结论由委员通过提案、调研报告等方式递交给人大、党中央、国务院等机构作为决策的依据。国务院作为最高行政机构，依据人大通过的有关环境保护的法律法规，领导和部署环保部门的具体工作，同时安排其他部门和环保部门相互配合。环保部作为国务院的直属机构，统一监管执行全国的环境保护工作。

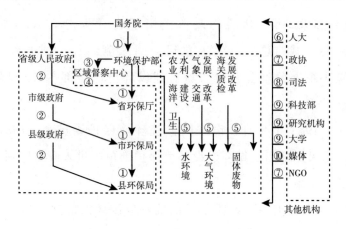

图 3 - 2　中国的环境管理体制

说明：①业务指导；②人事、经费；③委托；④监督、检查、协调；⑤联合管理；⑥立法、监督；⑦建议、监督；⑧执行审理；⑨研究、建议；⑩宣传。

资料来源：董敏杰（2011：27）。

　　从地方环境保护工作来看，各级环保部门接受上级环保部门和本级政府的双重领导，比如省环保厅接受省级人民政府和环境保护部的双重领导；市级环保局接受市级人民政府和省环保厅的双重领导；同样，县级环保局接受县级政府和市环保局的共同领导。但是各级环保机构主要隶属于当地政府，因为其经费的拨付和领导干部的任命都由当地政府负责，上级环保部门仅负责业务指导、精神传达等工作。

　　环保部门除了接受当地政府的领导外，还必须和其他部门相互协作，比如在水环境保护方面，水利部门负责水资源的保护和利用，环境部门负责污染防治工作，建设部门在生活污水的处理上起主导作用，农业部门负责农业污染源的控制，海洋部门则负责海洋环境污染的防治工作等。

　　正是因为环保部门隶属于各级政府，同时又需要和多部门协调配合，导致环保部门的具体工作受到多方面的制约，由于环境污染的外部性，许多地方政府出于短期利益考虑，不惜以牺牲当地甚至邻近区域的环境为代价，环保部门往往无能为力。比如在水污染防治、海洋环境管理、自然保护区管理等许多领域，由于涉及海洋、林业、水利等多个部门，环境保护部门的监管和执行能力非常脆弱。正是考虑到地方保护主义倾向的存在，中央 2006 年在全国设立了六个区域环境保护督查中心，中心独立于当地政府，在一定程度上起到了作用，但由于其本身为派出机构，不能从根本上改变环保部门执法偏软的现象。

除了上述环保部门以及其他政府部门以外，司法部门、媒体以及一些 NGO 组织对环境保护也能起到一定的作用，比如司法部门在 1997 年的刑法中就加入了"破坏环境和资源保护罪"，环境保护法第四十三条规定："造成重大污染事故，导致公私财产或者人身伤亡严重后果的，对直接责任人员追究刑事责任。媒体部门同样对环境质量起到监督作用，许多重大环境污染事件都是通过媒体部门的报道才引起重视，比如 2011 年 6 月 4 日由美国康盛公司和中海油合作开采的中国海上最大油气田蓬莱 19 - 3 号油田的漏油事件，事故责任方将近半个多月都没有向社会公布，直到 6 月 21 日被一条"微博"首先披露后，媒体的大量报道才使得问题透明化①。民间环保 NGO 组合在中国虽然力量较弱，问题和困难很多，存在参与规模小、资金获取能力差、专业训练严重不足、双重管理体制的制约等现象②，但 2000 年以后发展迅猛，据不完全估计，2009 年我国的环保 NGO 组织已经突破了 3500 家，人数超过了 30 万人。一些 NGO 的领导者如梁从诫、廖晓义更是广为人知，在批评、监督、呼吁知情权等方面所起的作用越来越大（徐南，2009）。

---

① 参见人民网，http://energy.people.com.cn/GB/15096892.html。
② 中国的许多环保 NGO 带有一定的半官方背景，如中华环境保护促进会。

四　环保部门的管理能力

(一) 污染投资支出

根据国际经验，当环境污染治理投资占 GDP 的比重达到 1% ~ 1.5% 时，可以控制环境的恶化，而当环境污染治理投资占 GDP 的比重达到 2% ~ 3% 时，环境质量才能够逐步好转 (葛察忠等，2006)。我国的污染投资支出整体上呈逐年上升的趋势，2006 ~ 2010 年全国环境污染治理投资额分别为 2566 亿元、3387.3 亿元、4490.3 亿元、4525.3 亿元、6654.2 亿元；从环境污染治理投资占 GDP 的比重来看，也是逐年上升的，2006 ~ 2010 年，环境污染治理投资占 GDP 的比重分别为 1.22%、1.36%、1.49%、1.33%、1.66%，如表 3 - 2 所示。

表 3 - 2　全国历年环境污染治理情况 (2000 ~ 2010)

年份	环境污染治理投资总额	城市基础设施建设投资	其中					工业污染源治理投资	三同时项目	环境污染治理投资占 GDP 比重
			燃气	集中供热	排水	园林绿化	市容环境卫生			
2001	1106.6	595.7	75.5	82.0	224.5	163.2	50.6	174.5	336.4	1.01
2002	1367.2	789.1	88.4	121.4	275.0	239.5	64.8	188.4	389.7	1.14
2003	1627.7	1072.4	133.5	145.8	375.2	321.9	96.0	221.8	333.5	1.20
2004	1909.8	1141.2	148.3	173.4	352.3	359.5	107.8	308.1	460.5	1.19
2005	2388.0	1289.7	142.4	220.2	368.0	411.3	147.8	458.2	640.1	1.30
2006	2566.0	1314.9	155.1	223.6	331.5	429.0	175.8	483.9	767.2	1.22
2007	3387.3	1467.5	160.1	230.0	410.0	525.6	141.8	552.4	1367.4	1.36
2008	4490.3	1801.0	163.6	269.7	496.0	649.8	222.0	542.6	2146.7	1.49
2009	4525.3	2512.0	182.6	368.7	729.8	914.9	316.5	442.6	1570.7	1.33
2010	6654.2	4224.2	290.8	433.2	901.6	2297.0	301.6	397.0	2033.0	1.66

　　注：污染治理投资总额及分类数额的单位为亿元，环境污染治理投资占 GDP 的比重的单位为百分比。

　　数据来源：2002 ~ 2011 年《中国环境统计年鉴》。

　　环境污染治理投资占 GDP 比重的上升一定程度上使得环境质量有所好转，据《2010 年中国环境统计公报》显示，2010 年中国化学需氧量排放总量为 1238.1 万吨，比上年下降 3.09%，二氧化硫排放总量 2185.1 万吨，比上年下降 1.32%，与 2005 年相比，化学需氧量和二氧化硫排放总量分别下降了 12.45% 和 14.29%，完成了"十一五"计划安排的减少 10% 的排放任务。

　　然而，从表 3-3 和表 3-4 可知，虽然我国的污染情况在一定程度上得到了遏制，但总体而言降低的幅度比较小，下降的速度还不是很快，有的污染物排放量不仅没有下降，反而有所上升，甚至还有加速上升的趋势，例如 2008~2010 年我国的废水排放量为 572 亿吨、589.2 亿吨和 617.3 亿吨，分别比上年增加了 2.7%、3% 和 4.7%。另外和工业污染物排放量相比，由于人民生活水平的上升和生活方式的改变，生活污染排放量居高不下，如表 3-3 所示，2008~2010 年全国生活废水排放量为 330.1 亿吨、354.8 亿吨、379.8 亿吨，分别比上年上升了 6.4%、7.5% 和 7%，远远超过了废水排放总量的上升速度，这和国际经验是相吻合的，因为我国的环境污染治理投资占 GDP 的比重一直没有超过 2%，即使近年来增速比较明显，2010 年也才达到了 1.66%，刚刚超过了 1.5% 的门槛。

表 3-3　2006~2010 年全国废水和主要污染物排放量变化

年度 \ 项目	废水排放量（亿吨）			化学需氧量排放量（万吨）			氨氮排放量（万吨）		
	合计	工业	生活	合计	工业	生活	合计	工业	生活
2006	536.8	240.2	296.6	1428.2	541.5	886.7	141.3	42.5	98.8
2007	556.8	246.6	310.2	1381.8	511.1	870.8	132.3	34.1	98.3
2008	572.0	241.9	330.1	1320.7	457.6	863.1	127.0	29.7	97.3
2009	589.2	234.4	354.8	1277.5	439.7	837.8	122.6	27.3	95.3
2010	617.3	237.5	379.8	1238.1	434.8	803.3	120.3	27.3	93.0

　　数据来源：《2010 年中国环境统计公报》。

表 3 - 4　　　2006 ~ 2010 年全国废气中主要污染物排放量变化

单位：万吨

年度\项目	二氧化硫排放量			烟尘排放量			工业粉尘排放量
	合计	工业	生活	合计	工业	生活	
2006	2588.8	2234.8	354.0	1088.8	864.5	224.3	808.4
2007	2468.1	2140.0	328.1	986.6	771.1	215.5	698.7
2008	2321.2	1991.3	329.9	901.6	670.7	230.9	584.9
2009	2214.4	1866.1	348.3	847.2	603.9	243.3	523.6
2010	2185.1	1864.4	320.7	829.1	603.2	225.9	448.7

数据来源：《2010 年中国环境统计公报》。

　　另外一个问题是，吴舜泽等（2007a：113，2007b：81 - 99）认为，我们国家现行的环境污染治理投资口径和国际上通用的环保支出的口径有比较大的差异，国际上一般以欧盟的环保支出标准为参考，欧盟的环保支出可以分为投资性支出和经常性支出两个部分，其中投资性支出不包括能够产生环境效益的投资，比如表 3 - 2 中的城市基础建设投资，可以分为燃气、集中供热、排水、园林绿化、市容环境卫生五部分。以燃气项目为例，主要目的并不是环境治理，而是为了给企业和家庭提供所需要的能源，当然从间接上有利于环境质量的改善，因为直接使用煤炭或者农村家庭使用的农作物秸秆产生的污染要大得多，但是按照欧盟的标准，因为燃气项目的投资主要是一项经济活动，而环保只是附带的，所以并不计算在环境污染治理投资的总额内。

　　实际上，城市基础设施建设中真正和环境污染治理支出直接相关的只有排水和市容环境卫生两项。和国际通用标准相比，我国的环境污染治理投资没有包含"企业治污设备运行费用"和企业"清洁生产投资"这两项，可以定义为"工业污染设施运行费用"。因此，如果把我国的环境污染治理费用按照国际通用标准来计算，应该包括如下几项。

调整后环境污染治理投资＝工业污染源治理投资＋"三同时"项目治理投资＋排水＋市容环境卫生＋工业污染设施运行费用。

按照董敏杰（2011：28）估计，上述方法计算出来的环保投资额仅仅为《中国环境统计年鉴》公布的数目的2/3左右，2006～2008年分别为2420.1亿元、3314.9亿元、4441.9亿元，占GDP的比例为分别为1.15%、1.33%、1.47%，仅仅和日本及韩国2000年左右的水平相近，和欧盟及美国的水平相距甚远，因此，我国依然要加大对环境保护方面的资金投入[①]。

（二）办公经费和人员配置

中国虽然基本建立了完整的环境保护体系，但是环保部门力量薄弱，从人员到经费都受制于地方政府。由于任期制的存在以及升迁的压力，许多地方政府官员为了在短时间内取得政绩，对环保工作不支持。并且，我们国家还没有建立起完整的环境保护财政制度体系，虽然从经费上看这两年有了极大的增加，但很多都是以专项资金的形式投入的，而专项资金存在不可持续性。以2008年为例，财政部、发改委投入环境保护的资金总共为277亿元，其中"三河三湖"及松花江流域水污染防治专项资金为50亿元，中西部城镇污水处理设施配套管网以奖代补专项资金为65亿元，主要污染物减排专项资金25亿元，专项资金的费用占中央投入总额的50%以上（逯元堂等，2009：11）。因此，日常性资金就有较大的短缺，许多基层环保部门执法力量非常薄弱，从人员配置、仪器购买到培养训练都存在较大的困难，据陈斌等（2006：64）调研，2004年全国环境监察部门的人数实有5.1万人，按照标准化建设的需求缺3.5万人，经费缺口率达到40.1%，其中人员经费缺口占人员经费

---

① 当然，由于这里估算的数据仅仅作为一种比较和参考，在后面文章中所用的涉及环境污染治理投资的数据还是以国家统计局公布的各项数据为准。

预算的 12.9%，公用经费、监督执法经费、基础设施经费缺口率分别为 30%、50.8%、104.5%、146.2%，各项工作的展开都得不到有效的保障。2009 年全国环保机构平均人数为 15 人，一些省份如贵州、西藏、青海、新疆等环保机构的平均人数甚至不超过 10 人，如图 3 - 3 所示。

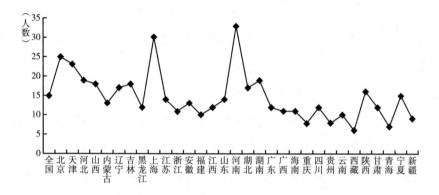

图 3 - 3 2009 年全国及各省份环保机构平均工作人员数

数据来源：根据《中国环境年鉴（2010）》整理。

（三）技术手段和监测系统

近年来，我国的环境监测系统和技术手段有了长足的进步，2010 年，我国已经建立了 440 多种国家环境监测技术标准与规范、230 多种国家环境标准样品，以及数百种部门和行业的技术方法标准，每年发布多种环境监测报告，环保系统已建成 2399 个环境监测站，拥有近 5 万人的环境监测队伍（章轲，2010）。但仍存在多方面的制约，环境监测网络体系不完善，技术装备能力不足，质量管理体系亟待提高，环境监测信息发布统一平台尚未建成。据统计，全国环境监测站达标率仅 17% 左右，国务院曾经规定，环保重点城市要做好地表水集中式饮用水源地 109 项指标的分析工作，但具备 109 项指标全分析能力的，只有江苏、浙江、上海、重庆 4 个省级和广州、连云港、南京、杭州、宁波 5 个重点城市的监测中心（章轲，2010）。

　　产生这些问题的主要原因在于环保机构尤其是基层环保部门需要继续健全，因为人员少，任务重，很多工作不到位，比如环保数据填报审核制度就没真正健全，环保数据主要由企业填报和环保部门上报的方式产生，这就难保数据的失真。还有些指标即使现有技术实力能够监测到，但透明化的工作仍不到位，比如对于健康安全有重大影响的可吸入颗粒物，一直到2012年2月新修订的《环境空气质量标准》才加入了PM2.5的监测指标。

第四章　环境规制工具的选择:
一个一般性的框架

　　如前文所述,实行环境规制的主要原因是环境作为公共品,在配置过程中市场机制是失效的,因此需要政府以"看得见的手"来替代市场"看不见的手"发挥环境资源的配置作用。Pigou(1920:132-149)和 Coase(1960:15)分别提出了解决问题的方案,即开征环境税和推行排污权交易制度。但这只是实行环境规制政策的必要条件,而不是充要条件,因为政府往往也是失灵的,政府实行干预政策必须付出相应的信息搜寻、谈判博弈、监督处罚的成本,而且这种成本往往比市场失灵产生的成本还要大(Datta-Chaudhuri,1990:26)。Xepapadeas 和Zeeuw(1999:168)还发现,提高和改善环境质量水平不仅仅取决于政府指令和市场激励,还取决于社会总体的环保意识。正是因为如此,有必要详细了解各种规制工具的特点,为政策制定者选择或组合环境规制工具提供决策依据。

　　按照对经济主体排污行为采取的不同约束方式划分,环境规制工具传统上可以区分为命令控制型规制工具和以市场激励为基础的规制工具,近年来,规制工具不断创新,出现了生态标志、自愿协议等一系列以信息公开和公众参与为基础的新型工具。笔者在马士国（2007：39）的理论基础上，建立了一个一般性的分析框架，从减污效率、激励作用、不确定性、规制成本四个方面着重分析了命令控制型环境规制工具、环境税、排污权交易三种环境规制工具的优缺点，并介绍了押金返还、补贴与削减补贴、自愿协议等其他环境规制工具。

表4-1　主要环境规制工具的分类

主题	政策手段			
	利用市场的政策工具	创建市场的政策工具	命令控制型政策工具	信息披露型环境规则工具
资源管理和污染控制	征收环境税	可交易的许可证与配额制度	制定标准	生态标志
	减少补贴	明确产权/分散权力	发布禁令	自愿协议
	使用费	国际环境补偿体系	发放许可证及配额	环境认证
	押金-返回制度			公众知情计划
	专项补贴			

资料来源：孙启宏等（2009：66-71）。

第一节　命令控制型环境规制工具

一　概念及分类

所谓命令控制型规制工具，是指政府通过立法或者制定行政部门的规章制度来确定环境规制的目标、标准，并以行政命令的方式要求企业遵守，对于违反相应目标的企业进行处罚，命令控制型规制工具通常采取的手段有技术标准、绩效标准等（郭庆，2006：140）。

（一）技术标准

技术标准是指社会计划者在全社会福利最大化的约束条件下，依据当前技术发展水平以及污染治理成本确定的要求企业执行的具体技术细则，例如采用哪种设备、使用什么样的清洁剂等。基于技术路径的标准制定通常是指采取了最新技术或者最先进技术的污染物排放量。这种标准制定方法遇到的最大的问题首先就是如何定义"最先进技术"，因为技术水平是在不断进步的，甚至第二年的技术和第一年的技术相比就有很大的差异，而机器设备是有寿命的，在技术水平取得进步的情况下，环保部门马上强制企业更新设备将带来很大的资源浪费，严重的甚至会给企业带来倒闭等灾难性的后果。基于技术路径的标准制定遇到的第二个问题就是企业利用信息优势隐匿实际情况的问题，社会计划者不可能熟悉所有的治污技术，也不可能充分了解所有企业的成本和利润，因此，所谓的制定最优技术标准往往只存在理论上的可能。并且，企业为了隐藏在提供信息时的弄虚作假行为，往往会失去继续创新先进技术的动力。

（二）绩效标准

所谓绩效标准是指社会计划者不再规定企业该采取哪种生产技术或者治污技术，而是规定了企业生产产品的数量、污染物排放量或者在特定时间段的污染物浓度，而制定绩效标准的依据也是企业的成本和利润水平。绩效标准的制定采取的原则通常有三种：①比例均等原则；②负担能力原则；③成本最低原则。比例均等原则是指所有的企业按照共同的标准来达到社会计划者规定的环境质量。这种方法貌似公平，实际上没有考虑不同产业、不同生产条件的企业之间不同的治污负担。比如在化工、钢铁等工业部门，达到规定的治污目标要付出很大的代价，而在 IT、金融等部门和行业，轻而易举地就可以达到社会计划者规定的目标。负担能力原则是指对于不同负担能力的企业区别对待，能力差的企业承担较小的减污压力，能力强的企业承担较多的减污压力。这种方法最大的缺点是"鞭打快牛"，严重影响了企业进行环保技术创新的积极性。成本最低原则是指规制者考察所有污染源，首先确定治理成本最低的污染源进行治理，成功后清除治理成本次低的污染源，依次类推，最终达到社会计划者规定的绩效标准。这种方法要求社会计划者掌握边际治污成本的所有信息，但在事实上是不可能的。尽管如此，绩效标准比技术标准更加宽松，企业能够自主选择技术和产量来达到社会计划者所规定的目标。

命令控制型规制工具的应用非常广泛，涉及资源管理和污染控制的方方面面，表4-2列出了各种类型的命令控制手段的应用。

表4-2 各种类型命令控制手段的应用

部门		应用类型		
		标准	禁止	配额限制
资源管理	水资源	水质量标准	对水资源利用的季节性限制	水使用量配额
	渔业	捕鱼标准	捕鱼禁令	捕鱼配额
	土地管理	土地使用标准	建立环境敏感区	土地划分
	森林	伐木管理	伐木/原木出口禁令	伐木配额
	可持续农业	分区制度	农药使用禁令	
	生物多样性	保护区建立	国家公园建立	
	矿产资源	废物与矿渣控制	采矿禁令	
污染控制	空气污染	空气质量与排放标准	进口禁令	二氧化硫、二氧化碳等排放配额
	水污染	废水排放标准	禁止污染物排入水体	工业废水排放配额
	固体废物	填埋标准		
	危险废物	遏制/处理标准	《巴塞尔公约》、农药禁令	

资料来源：王玉庆（2002：175）。

二 简单模型

（一）减排最优控制量

假设社会计划者从全社会福利最大化考虑，通过环境规制来决定减排的最优控制量。为了简化分析，我们还假设所有的企业只生产一种污染物，而且初始污染物的存积量为零，e_i 表示第 i 个排污者排放的污染物的数量，E 表示所有排污者排放的污染物数量的总和。$D(E)$ 表示污染物的排放给社会造成的损失，$D(E) = D(\sum_{i=1}^{n} e_i)$，则社会福利最大化的函数表达式为：

$$\mathrm{Max}W = \sum_{i=1}^{n} \left[p_{y_i} y_i(x_1, x_2, x_3, \ldots, x_n) - \sum_{j=1}^{n} p_{x_j} x_j - p_{a_i} a_i \right] -$$

$$D\left[\sum_{i=1}^{n} e_i(x_1, x_2, \ldots, x_n; a_i) \right]$$

其中 p_{y_i} 表示第 i 个企业生产出来的产品的销售价格，y_i 表示第 i 个企业生产出来的产品的数量。x_1、x_2、x_3，$\cdots$，x_n 分别表示生产 y 产品的投入要素，p_{x_j} 表示投入要素 x_j 的价格，a_i 表示第 i 个企业通过治理或者减产降低的污染物的排放量，p_{a_i} 表示减少污染物所付出的成本。在生产要素的价格、产品的价格以及污染物减少的单位成本不变的情况下，一阶最优条件为：

$$p_{y_i} \frac{\partial y_i}{\partial x_j} = p_{x_j} + \frac{\partial D}{\partial e_i} \frac{\partial e_i}{\partial x_j} \tag{1}$$

$$p_{a_i} = - \frac{\partial D}{\partial e_i} \frac{\partial e_i}{\partial a_i} \tag{2}$$

（1）式的左边表示增加一单位生产要素 x_i 的投入量所增加的产品收益，（1）式的右边表示增加一单位生产要素 x_i 的投入所增加的成本，包括生产要素的投入成本以及污染物排放所造成的环境损害成本。对于每种生产要素的投入来说，最优投入量必须位于投入产生的边际收益等于投入的边际成本的那一点。

（2）式的左边表示 i 企业减少 1 单位污染物的排放所付出的治理成本，（2）式的右边表示 i 企业减少污染物排放后所避免的社会成本。

（二）给定技术标准的最优化问题

如前面所述，给定技术标准之所以仍然被广泛应用，最大的原因在于其便于操作、可控性强。而其最大的坏处就是灵活性差，实施成本高，被规制者既不被允许进行排污量的交易，也没有动力进行技术创新。我们假定 $\hat{a}_i$ 为社会计划者强制性规定的第 i 个企业执行的环保标准，企业在给定技术标准下最大化自身利润的拉格朗日函数表达式为：

$$\text{Max}L = p_{y_i}y_i(x_1,x_2,x_3.\dots x_n) - \sum_{j=1}^{n} p_{x_j}x_j - p_{a_i}a_i + \lambda(\hat{a}_i - a_i)$$

一阶最优条件为：

$$p_{y_i}\frac{\partial y_i}{\partial x_j} = p_{x_j} \tag{3}$$

$$\lambda_i = -p_{a_i} \tag{4}$$

$$a_i = \hat{a}_i \tag{5}$$

从（5）式可以知道，因为环境技术标准是由社会计划者决定的，所以每个企业没有讨价还价的余地，只有执行给定的技术标准。λ_i 表示污染治理的影子价格，如果社会计划者掌握所有企业的生产、成本、利润、技术等方面的信息，并且给每个企业规定最大化社会福利的治污技术 $\hat{a}_i$，则每个企业治理污染的影子价格 λ_i 都相等，并且都等于减少污染所产生的社会效益 $\left(-\dfrac{\partial D}{\partial e_i}\dfrac{\partial e_i}{\partial a_i}\right)$。

但在现实生活中，社会计划者不可能穷尽所有的信息，即使付出很大的搜寻成本，或者反复试错，充分信息的获取也是不可能的。为降低成本以及简化操作，社会计划者通常只能规定一个统一的末端治理技术，但因为每个企业的边际治污技术和边际治污成本是不一样的，而又不允许边际治污成本低的企业出售配额给边际治污成本高的企业，则给定技术标准的环境规制工具肯定是缺乏效率的。这从上面的一阶最优条件中也可以得到佐证，即使在最优技术选择条件下，污染造成的社会损失在产品的价格中没有得以体现，相应的产品的产量也不会发生改变。也就是说，给定技术标准下，通过减少产品数量来治理污染的机制是不存在的。

因此，技术标准既缺乏效率又不激励创新，通常只有在下列条件下才有意义：

①重要的技术与生态信息无法获得；②关键知识只有社会计划者知道；③企业对价格信号反应迟钝，市场激励型规制工具不起作用；④可选择的技术标准不多；⑤技术监督成本比排污行为的监督成本要低得多（孙鳌，2009：95）。

比较典型的例子是对核电站的技术标准的设定，很显然，核电站的技术设定标准非常细致和苛刻，除了因为其关系到国家和居民的重大安全以外，还因为其符合上述所列的大多数条件，比如核技术多数企业无法获得，可选择的技术标准不是很多，市场激励型规制工具不起作用。另外技术监督成本相较于行为监督成本要低得多，如果核电企业倾倒核废料，其产生的污染是长期的甚至不可逆的。

（三）给定绩效的最优化问题

绩效标准相对技术标准来说较为灵活，因为在选择达到社会计划者所规定的排放标准方面，企业有两种选择，一种是增加治污创新投入，一种是减少产品生产的数量。但达到社会计划者的要求后，由于污染配额无法出售，也不能如环境税条件下那样通过继续减少排放节约税负，企业将失去创新的动力。从这个意义上来说，绩效标准仍然是一种命令控制型环境规制工具，现在我们构建绩效给定下的最优化模型。

假设社会计划者规定了企业 i 能够排放污染的最大限额是 $\hat{e}_i$，企业 i 在该约束条件下的利润最大化拉格朗日函数为：

$$\text{Max}L = p_{y_i}y_i(x_1,x_2,x_3,\ldots,x_n) - \sum_{j=1}^{n} p_{x_j}x_j - p_{a_i}a_i +$$

$$\lambda_i[\hat{e}_i - e_i(x_1,x_2,x_3,\ldots,x_n;a_i)]$$

一阶最优条件为：

$$p_{y_i}\frac{\partial y_i}{\partial x_j} = p_{x_j} + \lambda_i\frac{\partial e_i}{\partial x_j} \tag{6}$$

$$p_{a_i} = -\lambda_i\frac{\partial e_i}{\partial a_i} \tag{7}$$

$$\hat{e}_i = e_i \tag{8}$$

从（6）式和（3）式的对比可以看出，（6）式的右边表示企业 i 增加 1 单位生产要素 x_j 的投入所增加的成本由两部分组成，一部分是生产要素的价格，另一部分是增加的污染物排放所造成的损失，而（3）式的右边只包括第一部分。这就说明和技术标准给定的情况相比，给定绩效标准在减少污染方面提供了更多的可能性选择，或减少产量，或增加治污投资创新技术，这两者之间的成本不一定一致。而前者减少污染的唯一途径就是减少产量。但是，如果污染物排放量和产量之间存在严格的正相关关系，那么给定绩效标准相对于给定技术标准的灵活性就要大打折扣。

（6）式和（7）式中的 λ_i 表示污染治理的影子价格。如果社会计划者掌握完全的信息，并遵循全社会福利最大化的原则分配排污量 e_i，由（2）式和（7）式，可知 λ_i 就等于减少污染所产生的社会收益 $\left(-\dfrac{\partial D}{\partial e_i}\dfrac{\partial e_i}{\partial a_i}\right)$。但如前所述，社会计划者掌握充分信息的可能性是不存在的，如果要掌握尽量多的信息，则成本非常庞大；如果设置简单易行的统一标准，则难免失去效率。更值得注意的是，在规定排污量和发放配额的过程中，必然蕴藏着产生腐败的风险，这将进一步损害污染治理的效率。

三　评价和结论

（一）减污效率

无论是给定技术标准还是给定绩效标准，命令控制型都是对不同的污染源规定不同的标准，这就需要社会计划者掌握充分的信息。但是在现实操作过程中，规制者和企业相比，天然地处于信息不利者的地位，企业的生产成本、利润函数、治污函数等都是私人信息，很多都是不可观测的。因此，社会计划者经常会采取统一的规制标准，这必然会损害减污的效率。

（二）激励作用

命令控制型环境规制工具给企业制定了相应的技术标准或者绩效标准，企业只是规则的被动执行者。在完成了社会计划者规定的指标后，由于减少排污量不能产生任何经济效益，企业没有动力进行技术革新或者环保投资，不存在促进环保技术进步的激励机制。

（三）规制成本

如果污染物排放配额可交易，从理论上讲，治污任务总是由治污成本最低和效率最高的人来完成。而在命令控制型环境规制工具条件下，这一情况不复存在，因此，污染物的减少量相对于理想状态总是偏低的，而产品数量相对于理想状态总是偏高的，企业只是承担了环境规制的部分代价，而多余的污染物排放所造成的对经济社会的损失则由社会全体来承担。如果用国家财政来治理污染，则必然造成税收的扭曲，因此，这种双重扭曲的代价是巨大的。

（四）不确定性

由于社会计划者是对单个污染源规制，但无法确定总的污染物排放，因为污染物的总排放是单个污染源排放量和污染者数量的乘积，污染者的数量不确定。并且，即使可以规定技术标准或者排放总量，也无法准确预测排污者的守法成本。

第二节　基于市场的环境规则工具

所谓基于市场的环境规制工具是指政府制定的一些规制条例，这些规制条例鼓励通过市场手段来影响污染物排放者的排污决策，而不是通过直接规定排污限额或者技术标准来规范排污者的行为。以市场为基础的环境规则工具包括环境税、排污权交易、补贴等。

一　环境税

征收环境税是基于市场的环境规制工具的一种，环境税通常又被称为庇古税，主要起源于庇古 1918 年的一项研究，他发现作为工业化城市的曼彻斯特和相邻的非工业化城市哈罗盖特相比，居民用于清洁所花费的费用要远远高于哈罗盖特的居民（朱德莉，2011：56）。庇古认为负外部性导致的私人成本和社会成本之间存在着很大的偏离，解决负外部性的方法就是政府以征税或者补贴的方法，使得外部性问题内部化。污染物排放者应该承担受害者因污染所造成的损失，解决的方式是缴纳税收，数额取决于私人成本和社会成本之间的差额，政府再以补贴的形式给受害者以补偿。

（一）环境税的基本模型

我们用一个简单的模型来表示庇古的思想，假设企业 i 在生产出合意性产品的同时，还附带生产出污染物，政府为了使外部成本内部化，对企业 i 征收单位污染物排放税率为 t 的环境税，企业最大化利润的函数表达式为：

$$\text{Max}\pi = p_{y_i}y_i(x_1,x_2,x_3,\ldots,x_n) - \sum_{j=1}^{n}p_{x_j}x_j - te_i(x_1,x_2,x_3,\ldots,x_n;a_i) - p_{a_i}a_i$$

和前面的假设一样，第 i 个企业投入生产要素 x_1，x_2，…，x_n 生产出数量为 y_i 的产品，其价格水平为 p_{y_i}，p_{x_j} 表示第 j 种生产要素的价格，a_i 表示因治理而减少的污染物的数量，p_{a_i} 表示污染治理的成本。e_i 表示污染物的排放量，t 表示对 1 单位污染物征收的税率。

假设产品的价格、生产要素的价格、污染治理的成本以及环境税税率给定，则排污者可以通过选择生产要素的投入水平以及环境污染治理水平最大化自身利润，其一阶最优条件为：

$$p_{y_i} \frac{\partial y_i}{\partial x_j} = p_{x_j} + t \frac{\partial e_i}{\partial x_j} \tag{9}$$

$$p_{a_i} = -t \frac{\partial e_i}{\partial a_i} \tag{10}$$

（9）式的左边表示企业 i 增加 1 单位生产要素 x_j 的投入增加的收益，（9）式的右边等于增加 1 单位生产要素 x_j 的投入所增加的成本，包括生产要素的投入成本（p_{x_j}）以及因产量增加而多缴纳的环境税。(10) 式表示在利润最大化动机驱使下，企业将把污染治理水平设定为边际污染治理成本等于边际税负节约收益的那一点。企业根据实际情况对环境税作出反应，在税收缴纳、污染治理和减少产量之间权衡得失，如果减产节约的成本大于污染治理或者缴纳环境税的费用，那企业将选择减产；反之则选择治理污染或者缴税。同样，如果环境税负成本高于污染治理成本，则选择污染治理；反之选择缴税。

由（1）、（2）、（9）、（10），我们还可以发现，如果 $t = \frac{\partial D}{\partial e_i}$，也就是说，如果环境税税率正好等于单位污染物的排放所造成的社会损失，则公式（1）和公式（9），以及公式（2）和公式（10）就是一致的。因此，征收环境税就把外部性问题内部化了，企业的私人成本等于社会成本，企业的最优污染水平等于社会的最优污染水平。

（二）环境税的简单评价

1. 减污效率

环境税将外部性问题内部化，体现了环境法的"污染者承担费用"的基本准则，最终环境税负将体现在产品的价格上，和没有环境税的情况相比，开征环境税通常减少了产品的数量，污染物排放量也随之下降。和命令控制型环境规制工具不同的是，企业为达到社会计划者的规制要求有三种途径，即减少产量、污染治理或缴纳环境税，增加了缴纳环境税的途径。后面两个途径减少了单位产出的污染物排放，而第一个途径有利于减少排放总量。一般来说，可选择的手段越多，达到目标的成本就越低，效率就越高。由于各个企业减少污染的成本函数各不相同，企业能够根据自身情况自觉"对号入座"，选择成本最低的减污办法，这就是所谓的"静态效能"，因此，环境税的减污效率要高于命令控制型环境规制工具。为了说明问题，我们以一个简单的图例表示环境税的"静态效能"。

假如一国总共有三家企业，社会计划者希望将总排放削减50%，采用两种不同的方法，一种是要求这三家公司各自将污染物排放量减半，还有一种方法就是征收环境税。在存在环境税的条件下，如图4-1所示。

公司1由于边际治污成本低于税率，因此选择将排放水平从E_{11}降低到E_{12}。公司2无论是选择缴纳环境税还是治污处理，成本都是一样的。公司3由于边际治污成本高于环境税税率，因此选择缴纳环境税，其污染物排放水平将从E_{31}增加到E_{32}。由于E_{11}和E_{12}之间的距离等于E_{31}和E_{32}之间相隔的距离，很明显公司3的成本降低幅度大于公司1的成本上升幅度。从整个社会来说，总污染治理成本降低了。

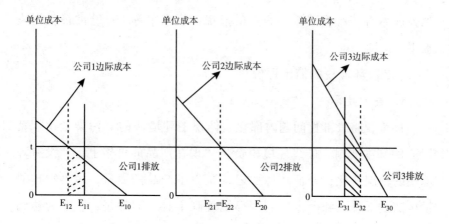

图 4 - 1   边际污染治理成本比较分析

2. 激励作用

前面说的环境税有利于降低污染治理成本是从静态的角度来衡量的，它包括两个方面：一是行政管理成本，因为在环境税条件下社会计划者所需要的信息要低于命令控制型环境规制工具条件下所需要的信息，监管成本将大大降低。二是各企业选择性的增加，在减少产量、缴纳环境税和末端治理的选择中最小化其成本。但实际上，从动态的角度来看，由于企业可以从减少污染物的排放中得到经济利益，企业有激励创新环保技术，从而导致环保技术的进步，这就是环境税的"动态效能"。

从图 4 - 2 中我们可以知道，如果实行命令控制型环境规制工具，将排放标准设定为 S_1，企业在完成以后将不再有动力继续减少污染物的排放。而对于环境税来说，因为减少污染物的排放将少缴纳环境税，因此有动力投资环保技术，降低污染治理的边际成本，导致边际治污成本从 MAC_1 下降到 MAC_2，而企业的污染物的排放量也从 S_1 下降到了 S_2。这将导致"双重"效应，一方面是企业缴税成本的节约，另一方面是污染治理成本的节约。

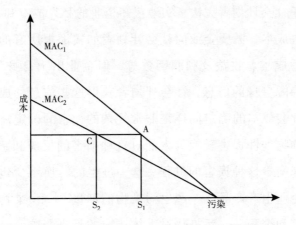

图 4 – 2　技术进步对污染物排放减少的影响

3. 规制成本

在实施环境税的情况下，无论是缴纳环境税、降低产量还是污染末端治理，都会增加环境污染者的成本，从而导致供给曲线向上平移和产品数量下降。和命令控制型规制工具下企业只被动负担部分污染成本不同的是，环境污染者要对每一单位的污染物排放付费，外部成本得到了内部化。另外，社会计划者可以用征收的环境税削减财政赤字，或者增加环境治理投资等，税收扭曲效应得到了很大的改善。

4. 不确定性

在实施环境税的条件下，不确定性依然存在。社会计划者希望将污染物的排放量减少到使边际治污成本和环境税税率相等的那一点上，但由于每个企业的治污技术不同，社会计划者又无法知道所有企业的治污技术，因此污染排放总量是无法确定的。

不确定性产生的根源在于社会计划者和企业之间信息的不对称。从理论上讲，环境税税率的设定取决于社会成本和私人成本之间的差异，这种差异我们叫做外部成本，外部成本越大，缴纳的环境税越多；外部成本较小，缴纳的环境税就越少。但在实际操作过程中，由于社会计划者无法真实地获知企业的私人成本和社会成本，要获知私人成本，需要企业向社会计划者如实汇报所有的私人生产成本、治污成本、收益及利润函数等，但企业出于自身利益考虑，通常都会隐匿自身的信息，社会计划者获得这些信息的成本是难以承受的。社会成本的确定同样是非常复杂的，它的确定需要经历从某种污染的物理性损害转换为人们对这种损害的反应和感受，并用货币价值来衡量这种损害的过程。这一过程的转换至少包含如下几个环节：企业生产产品——产生污染物的剂量——污染物在自然环境中的暴露和聚积——污染物对人体造成的不良影响——这些不良影响用货币衡量的成本（臧传琴，2009：99）。这一过程不仅复杂，而且不同的利益相关者的看法不同，因此社会成本的确定同样非常困难。在社会成本和私人成本都很难确定的情况下，税率的设定就需要反复的试错，这种试错的成本是巨大的，并且还会造成效率损失。如果环境税税率高于真实的外部成本，企业就要额外负担本来不应该负担的成本，降低其竞争力。如果环境税税率低于真实的外部成本，企业就会采取过度排放的策略，造成对环境的重大破坏。

二　排污权交易

排污权交易的理论基础来自 Coase（1960：2）在《社会成本问题》中对庇古观点的批评，他认为庇古解决问题的思路（"当甲侵犯到乙的利益的时候，采取的方案仅仅是如何制止甲侵犯乙"）是值得商榷的，因为如果甲不侵犯乙，甲的利益也受损了。问题关键不在于侵害本身，而在于两者之间能否达成协议，对财产权进行有效分配和交易。Dales（1968：133 – 152）在科斯定理的基础上提出了排污权交易的思想，他认为社会计划者作为环境资源的所有者，应该根据所要求达到的环境质量，在专家的帮助下确定某一区域的污染物排放总量。然后在控制总量的前提条件下把污染权分割成标准单位，再以无偿或者拍卖的方式提供给污染物排放者，同时允许污染权和正常商品一样，在污染物排放者之间转让，实现环境资源的最优分配。因此，排污权交易可以定义为：在一定区域内，在污染物排放总量不超过允许排放量的前提下，内部各污染源之间通过货币交换的方式相互调剂排污量、从而达到减少排污量，保护环境的目的（李晓绩，2009：22）。

（一）排污权交易的基本模型

1. 拍卖许可

在污染权的首次分配上，有两种方式：一种是拍卖许可，即社会计划者通过拍卖方式在排污者之间分配污染权，出价高者得到污染权；一种是无偿分配，即污染物排放者的初次污染权是无偿得到的，政府没有获得任何收益。我们首先分析第一种情况：

$$\text{Max}\pi = p_{y_i}y_i(x_1,x_2,x_3,\ldots,x_n) - \sum_{j=1}^{n}p_{x_j}x_j - p_ee_i(x_1,x_2,x_3,\ldots,x_n;a_i) - p_{a_i}a_i$$

p_{y_i}、y_i、p_{x_i}、x_j、e_i、p_{a_i}、a_i 表示的含义和上文完全一致，p_e 在这里表示 1 单位排污权在市场上的价格，如果 p_e 给定，追求利润最大化企业的一阶最优条件为：

$$p_{y_i}\frac{\partial y_i}{\partial x_j} = p_{x_j} + p_e\frac{\partial e_i}{\partial x_j} \tag{11}$$

$$p_{a_i} = -p_e\frac{\partial e_i}{a_i} \tag{12}$$

（11）式的左边表示增加 1 单位生产要素 x_j 的投入量所增加的收益，（11）式的右边表示增加 1 单位生产要素 x_j 所增加的总成本，包括生产要素的投入成本 p_{x_j} 以及购买污染权的成本 $p_e\frac{\partial e_i}{\partial x_j}$。（12）式表示以利润最大化为目标的企业将污染治理水平设定为边际污染治理成本等于购买排污权需花费的边际成本这一点上。比较

（1）式、（2）式以及（11）式、（12）式，我们发现假设排污权的价格 p_e 等于污染物排放的边际社会损失 $\frac{\partial D}{\partial e_i}$，则外部性问题将得到内部化。

2. 无偿分配许可

假设企业 i 获得了社会计划者无偿分配的数量为 e_{if} 的排污权，其利润最大化函数的表达式为：

$$\text{Max}\pi = p_{y_i}y_i(x_1,x_2,x_3,\ldots,x_n) - \sum_{j=1}^{n} p_{x_j}x_j -$$

$$p_e[e_i(x_1,x_2,x_3,\ldots,x_n;a_i) - e_{if}] - p_{a_i}a_i$$

一阶最优条件为：

$$p_{y_i}\frac{\partial y_i}{\partial x_j} = p_{x_j} + p_e\frac{\partial e_i}{\partial x_j} \tag{13}$$

$$p_{a_i} = -p_e\frac{\partial e_i}{a_i} \tag{14}$$

我们发现（13）式、（14）式和（11）式、（12）式完全一致，原因在于无偿分配的排污权 e_{if} 是一项固定收益，边际值为零。

（二）排污权交易的简单评价

1. 减污效率

在存在排污权交易的条件下，企业为达到社会计划者规定的污染物排放标准存在三种方法：一是减少产品的数量；二是进行污染物治理；三是购买排污权。如果排污权交易的价格高于前两者，则企业采取减产或者增加治污投入的方法；如果排污权交易的价格低于前两者，企业将购买排污权。和命令控制型环境规制工具相比，在实施排污权交易的情况下，企业的选择性增强了，其结果必然导致成本的下降，我们通过图例来说明这个问题。

假设有 3 个企业 A、B、C，它们的边际治污成本分别为

MAC_1、MAC_2、MAC_3。现在社会计划者要求三个企业都把污染物排放量削减到 q 的水平。如图 4-3 所示，当排污权的市场交易价格为 p_1 时，企业 B 和企业 C 的边际治污成本低于 p_1，出售排污权对它们有利可图，而企业 A 的边际治污成本正好等于 p_1，没有必要购买排污权，因此，整个排污权交易市场上只有卖者而没有买者，不存在交易。

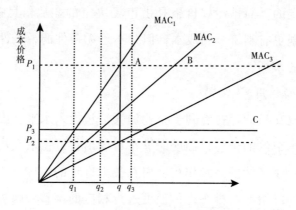

图 4-3　排污权交易成本分析

当排污权价格下降到 p_2 时，在污染物排放量为 q 这一点，企业 A 和企业 B 的边际治污成本都高于 p_2，两者都有购买排污权的动机。企业 C 的边际治污成本正好等于 p_2，因此没有激励进一步削减排污量并出售节约的排污权。整个排污权交易市场只有买者而没有卖者，不存在交易。

只有在排污权交易价格为 p_3 时，在污染物排放量为 q 这一点上，企业 A 和企业 B 的边际治污成本高于排污权交易价格，因此两者都有动机购买排污权。而企业 C 的边际治污成本 p_2 小于排污权交易价格 p_3，企业 C 也有激励进一步削减排污量并出售排污权，交易得以进行。

因此，当排污权交易价格为 p_3 时，通过污染权的转移，总的污染治理成本降低了，因为治污成本最低的企业 C 代替治污成本较高的企业 A 和企业 B 实施了部分污染物的治理。而企业 C 也从出售排污权中得到了收益，因此这是一个"双赢"的结果。

如果我们再把（9）式、（10）式和（11）式、（12）式对比，我们发现当环境税税率 t 等于排污权价格 p_e 时，（9）式和（11）式、（10）式和（12）式是一致的。唯一不同的是，税率是由社会计划者设定的，而排污权价格是由市场决定的。从信息搜寻来说，市场比计划更有利于节约成本，但并不是无条件的，条件在于要有一个成熟的市场。

2. 激励作用

排污权交易的存在有利于企业加大治污投入水平，因为企业通过革新技术节约的排污权额度能够在市场出售以换取经济收益，这对企业形成了持续的激励作用。但在技术进步的情况下，社会计划者要根据实际情况对排污许可额度进行相应的调整，因为如果许可额度过多，买方市场将逐渐萎缩，减污水平将逐步固化。

3. 规制成本

排污权交易在不同情况下的规制成本分配是不一样的，在拍卖许可条件下，企业需要购买排污权，这将导致生产成本的提高和产品边际供给曲线的上升，从而总产出下降，规制成本主要由企业负担。而社会计划者从拍卖许可中得到了许可费收入，有利于减少财政治污支出。而在无偿分配许可条件下，企业免费获得一定额度的排污权，相当于获得了一笔租金。而污染治理的费用必须依赖于国家的税收收入，这会造成一定的扭曲。但是，无偿分配许可的好处在于在政策推行过程中受到的阻力较小，因为企业承担的成本较低。

4. 不确定性

和环境税条件下污染物排放的不确定性不一样，在排污权交易的条件下，由于总的许可量是由社会计划者决定的，因此，总的排污量是可控的。但排污权交易的价格是不确定的，在技术水平进步或者通货膨胀的情况下，交易价格都会发生相应的变化，市场机制自发地发挥作用。

三 补贴与削减补贴

在现实生活中，被广泛应用的环境规制工具还包括补贴与削减补贴。补贴是指社会计划者通过税收、信贷、技术支持等手段对企业实行的补助。补贴可以是定量的，也可以是按比例的。我们假设企业污染物排放的初始水平为 e_{i0}，社会计划者对企业每减少 1 单位污染物的排放补贴 s_e 数量的货币，在产品价格、生产要素价格、污染物治理价格、污染物初始排放水平和补贴率给定的情况下，以利润最大化为目标的企业的利润函数表达式为：

$$\mathrm{Max}\pi = p_{y_i}y_i(x_1, x_2, x_3, \ldots, x_n) - \sum_{j=1}^{n} p_{x_j}x_j +$$

$$s_e[e_{i0} - e_i(x_1, x_2, x_3, \ldots, x_n)] - p_{a_i}a_i$$

一阶最优条件为：

$$p_{y_i}\frac{\partial y_i}{\partial x_j} = p_{x_j} + s_e\frac{\partial e_i}{\partial x_j} \tag{15}$$

$$p_{a_i} = -s_e\frac{\partial e_i}{\partial a_i} \tag{16}$$

（15）式的左边表示增加 1 单位生产要素 x_j 的投入所增加的收益，（15）式的右边表示增加 1 单位生产要素 x_j 的投入所增加的成本，包括生产要素的投入成本 p_{x_i} 以及因为增加污染物的排放而少得到的补贴 $s_e\frac{\partial e_i}{\partial x_j}$。（16）式的左边表示污染治理所付出的成本，式（16）右边表示因污染治理而减少排放所享受的补贴。把式（9）、式（10）和式（15）、式（16）比较，可以发现当 $t = s_e$ 时，式（9）和式（15）以及式（10）和式（16）是完全一致的。实际上，环境税和补贴从作用机理来讲是类似的，只不过前者是"大棒"，后者是"胡萝卜"，是一个硬币的两面而已。

"胡萝卜"和"大棒"在作用机理上相近，但产生的效果却有很大的差异，比如对于同一个企业来说，环境税将加大企业的负担，从而导致供应曲线的上移和产量的减少；而补贴将增加企业的收入，延缓企业的"退出"，从而导致更高的产量和更多的进入。

当然，对于有的行业来说，补贴也是需要的，比如新能源汽车，适度的补贴有利于企业加大科研投入以及刺激消费者的使用，但补贴不能过度，因为补贴来自于国家财政，大量的补贴将导致税收的扭曲。在现实生活中，补贴涉及方方面面，正因为如此，削减补贴也成了一项"环境规制工具"（Binswanger，1991：826）。

四　押金－返还制度

押金－返回制度的具体做法是潜在排污者在购买商品时需要预先支付一定数量的押金，如果潜在排污者在使用结束后把商品或包装送回给循环部门，将取回押金；相反，如果潜在排污者不交还使用后的商品，押金将不再退回，押金的数量一般取决于潜在污染可能造成的外部成本。接下来我们用一个简单的模型来阐述以利润最大化为目标的潜在排污者的利润函数表达式：

$$\mathrm{Max}\pi = p_{y_i} y_i(x_1, x_2, x_3, \ldots, x_n) - \sum_{j=1}^{n} p_{x_j} x_j -$$

$$\theta[y_i(x_1, x_2, x_3, \ldots, x_n) - a_i] - (p_{a_i} + d_i) a_i$$

其中 e_i 表示排放量，可以表示为 $e_i = y_i(x_1, x_2, x_3, \ldots, x_n) - a_i$，这是因为在押金－返还制度下，总有一部分潜在排污者将使用后的商品或包装送回，θ 表示对单位污染物的排放征收的费用，可以是环境税率，也可以是排污权交易费率，d_i 表示每单位污染物排放的押金值或返还值，一阶最优条件为：

$$p_{y_i} \frac{\partial y_i}{\partial x_j} = p_{x_j} + \theta \frac{\partial y_i}{\partial x_j} \tag{17}$$

$$\theta = p_{a_i} + d_i \tag{18}$$

（17）式的左边表示增加 1 单位生产要素 x_j 的投入所增加的收益，（17）式的右边表示增加 1 单位生产要素 x_j 的投入所增加的成本，包括生产要素的投入成本 p_{x_j} 和缴纳环境税或购买排污权的成本 $\theta \frac{\partial y_i}{\partial x_j}$。（18）式表示缴纳环境税或购买排污权的成本等于治理污染和支付押金的成本之和。把（18）式代入（17）式可得：

$$(p_{y_i} - p_{a_i} - d_i) \frac{\partial y_i}{\partial x_j} = p_{x_j} \tag{19}$$

由（19）式可知在产品的价格中已经包含了污染治理成本和押金，因此企业有激励减少污染以取回押金。

押金－返回机制最大的好处就是节约了社会计划者的监督成本，当潜在排污者带回了使用过的商品或者包装物时，就表示企业已经服从了规制。另外的好处就是激励作用，企业将设法减少生产中所耗费的材料或者寻找成本更低的替代材料。生活中的押金－返还制度包括铅蓄电池的回收，或者矿泉水瓶的回收等，当然这项制度的实施也存在障碍，最基本的就是押金价格和送还时间的成本比较问题，如果时间成本远高于押金价格，制度将难以推行。

第三节　以信息披露和公众参与为特征的环境规制工具

一　生态标签

生态标签一般是政府资助的专门标志机构或者私人独立创办的

标志机构颁发的环境标志，颁发的标准由专家根据产品的生命周期来决定，包括产品的研发初始准备、生产制造、包装销售、消费者使用直至全部报废的整个过程对环境影响的评估。

生态标签对企业而言，有利于强化产品的生态特性、区分和其他产品的差异性、突出和提高企业形象、获得消费者的青睐和增强企业竞争力，同时也是企业对消费者的一种承诺。

生态标签对于消费者而言，有利于其获取准确信息、满足绿色消费需求，也有利于增强环保意识。

生态标签对于国家而言，有利于保证本国产品在国际贸易中打破"绿色壁垒"，增强国际竞争力；有利于维护市场秩序，保障消费者和厂商的合法权益；有利于指导企业将环保意识贯穿于整个生产过程的始终，推广清洁技术。

二　自愿协议

自愿协议（Voluntary Agreement）又叫作自愿方式（Voluntary Approach），是指企业和政府或者非营利组织之间的一种非法定的协议，旨在改善环境质量或者提高资源的利用效率。自愿协议对于社会计划者和企业双方来说都是有利的。对于企业而言，采取自愿协议一方面有利于提高产品的公信力和知名度，增强企业竞争力；另一方面能够减少环保组织的压力，也有利于换取社会计划者相对宽松的规制，企业变被动约束为主动约束，能够依据自身实际情况掌握削减污染的进度、方法和工具。自愿协议对社会计划者来说也是有利的，一方面企业的自我信息披露有利于减少社会计划者和企业之间的信息不对称，社会计划者能够根据企业提供的信息改进规制制度，比如税率的设定或者排污权总量的控制；另一方面也有利于社会计划者节约监督和执行成本，自愿性协议使得企业违反规制的概率降低，社会计划者将把节约的成本用于其他更产生效益的地方。

三　环境认证

环境认证简称 ISO14000 系列，是全面环境管理体系的某一组成部分，适用于任何类型、规模以及各种文化和社会条件的组织，内容包括制定、实施、实现、评审和维护环境方针所需的组织结构、策划、活动、职责、操作惯例、程序、过程和资源（艾兵等，2007：23－34）。环境认证是国际标准化组织在 1993 年 6 月开始启动的，1996 年 9～10 月，国际标准化组织（ISO）正式颁布了第一批环境管理体系和审核方面的 5 项国际标准，发起的原因在于 20世纪 70 年代环境问题严重恶化，各国政府相继制定环保法和环境标准，为统一各国环境标准，防止一些国家和地区以"环境技术标准"为借口推行新的贸易保护政策，并响应联合国"可持续发展"的号召而建立的，目前在世界上绝大多数国家和地区得到了广泛的推行。

环境认证对社会计划者和企业来说都是有利的，社会计划者可以减少监督工作，降低规制成本；企业则可以获取国际贸易的"绿色通行证"，树立优秀组织形象，赢得客户信赖，提高内部管理水平，实现环保技术革新，提高员工环保意识等。

四　公众参与

所谓公众参与是指公民参与政府决策的民主意愿，这里的公众不仅包括个人，还包括相关团体、政府机构和其他组织（刘磊，2009：217）。公众参与包括环境信息公开化、环境决策民主化和环境诉讼程序化。环境信息公开化是指要尊重群众的知情权和批评权，定期公布环境数据，发生的环境污染事件要及时让群众知道，接受群众的舆论监督。环境决策民主化是指政府环境保护部门和其他相关机构对于可能影响公共环境权益的项目，在实施执行前要通过听证会、论证会的形式让公民参与进来，最后的论证结果一定要反映多数公众的意愿和利益。环境诉讼程序化是指公众、政府机构和其他组织的合法环境权益受到侵害的时候，都可以向司法机关提起诉讼，维护自己的权益。

第四节　环境规制工具在我国的实践

一　命令控制型环境规制工具在我国的实践

所谓命令控制型环境规制工具是指政府或者立法部门制定的旨在直接影响排污者作出有利于环保政策的法律、法规和政策（赵玉民等，2009：86）。我国的命令控制型环境规制工具按照发生作用的阶段可以划分为"事前控制"、"事中控制"和"事后控制"三种类型（董敏杰，2011：34）。"事前控制"环境规制工具包括"环境影响评价制度"、"三同时"制度等；"事中控制"环境规制工具包括"排污许可证制度"、"环境质量标准制度"；"事后控制"环境规制工具包括"限期治理"和"关停并转"制度。

按照制度颁布的时间划分，1973年第一次全国环境保护大会通过的《关于保护和改善环境的若干规定（试行草案）》规定了"三同时"制度，所谓"三同时"制度，就是环境保护设施和主体工程"同时设计、同时施工、同时投产"的制度；1979年颁布的《中华人民共和国环保法（试行）》首次规定了环境影响评价制度，所谓环境影响评价制度，是指对可能影响环境的工程建设和开发活动，预先进行调查和评估，提出防治方案，实行跟踪监测，并经主管部门批准后才能实行建设的方案；"限期治理和关停并转制度"是在1989年《中华人民共和国环境保护法》中确立的，所谓限期治理，是指对现已存在危害环境的污染源，由法令机关规定在限定时限内完成治理任务，如果到期不能完成要求的，不排除实行关停并转措施。《环保法》还同时规定了环境质量标准制度，在第9条中规定：国务院环境保护主管部门制定环境质量标准；省、自治区、直辖市人民政府对国家环境质量标准没作规定的，可以制定地方环境质量标准。

总体而言，命令控制型环境规制工具在我国得到了广泛的应用，是我国各级政府使用最频繁的工具。命令控制型规制工具操作简单，能够有效达成目标，但成本很大，激励作用弱，效率不高。

二 环境税（费）在我国的实践

我国至今还没有开征环境税，对环境污染的收费以排污费的形式在现实生活中实行。排污收费制度的最早确立依据的是1979年9月13日全国人大常委会第十一次会议通过的《中华人民共和国环境保护法（试行）》，《环保法（试行）》第六条规定："已经对环境造成污染和损害的单位，应该按照谁污染谁治理的原则，制定规划，积极治理"；在第十八条更明确规定："超过国家规定的标准排放污染物，要按照排放污染物的数量和浓度，根据规定收取排污费"，这两条体现了排污收费的基本原则。在此基础上，1982年2月5日国务院颁布的《征收排污费暂行办法》规定了收费对象、收费程序、收费标准、停收、减收和加倍收费的条件、排污费的列支、收费的管理和使用等，并附有排污费征收标准。《征收排污费暂行办法》运行了20年，一定程度上发挥了筹集治理经费、保护环境质量的功能，但运行期间，正是我国工业规模大幅度扩张的时期，污染物排放总量的控制情况不尽如人意。

为了改变这种情况，2002年1月30日国务院第54次常务会议通过的《排污费征收使用管理条例》（以下简称"新条例"）作了以下几个方面的改变：（1）把排污征收对象由企事业单位扩大到向环境排放污染物的所有单位以及个体工商户；（2）排污收费的基本原则由原来的"超标收费"改为"排污即收费"和"超标收费"相结合，排污收费的征收标准由原来的"单因子收费"改为"多因子收费"，污水、废气的排污收费按所含污染物的种类、数量和危害程度折合成当量计算；（3）对排污费的管理使用更明确，"新条例"第四条规定："排污费的征收、使用必须严格实行收支两条线，征收的排污费一律上缴财政。"第五条规定："排污费应当全部专项用于环境污染防治，任何单位和个人不得截留、挤占或者挪作他用。"第十八条进一步详细规定："排污费必须被纳入财政预算，列入环境专项资金进行管理，主要用于下列项目的拨款补助或者贷款贴息：①重点污染源防治；②区域性污染防治；③污染防治新技术、新工艺的开发、使用和示范；④国务院规定的其他污染示范项目。"而《暂行办法》只是在第九条规定："环境保护补助资金，由环境保护部门会同财政部门统筹安排使用。"

　　《排污费征收管理使用条例》颁布以后，排污费收入出现了大幅度的上涨，2003～2006年全国排污费收入为73.1亿元、94.2亿元、123.2亿元和144.1亿元，增长率分别达到84.6%、28.9%、30.8%和17%。但与此同时，各污染物的排放量并没有随之下降，除化学需氧量在2003年出现了短暂下降外，其他污染物的排放量在之后的三年都出现了上升趋势，直到2006年烟尘排放量首次出现下降，如图4-4所示。

　　"新条例"之所以没有达到预想的效果，原因在于"新条例"在设计和执行过程中出现了较大的偏差，主要体现在以下方面。

（一）排污收费标准偏低，范围偏窄

　　从理论上讲，最优环境税率应该等于边际社会成本和边际私人成本之间的差额。但在实际操作过程中，排污收费远远低于治污成本，导致大多数企业宁愿缴纳排污费也不愿意实施治理。据统计，

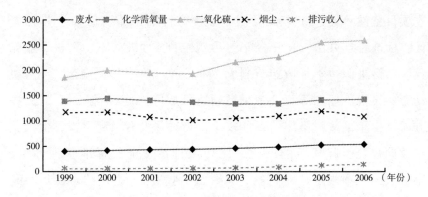

图4－4　1999～2006年全国各污染物排放量和排污收入总量

说明：（1）资料来源：1999～2006年《全国环境统计公报》；（2）其中废水的统计单位为亿吨，化学需氧量、烟尘、二氧化硫的统计单位为万吨，排污收入的统计单位为亿元。

我国整体排污费收入仅占污染设施运转成本的50%左右，某些项目甚至不到污染治理成本的10%（王萌，2009：29），表4－3是部分污染物的治理成本和排污收费标准的比较。

表4－3　部分污染物治理成本和排污收费标准比较

单位：元/吨

污染物	治污成本	排污收费标准	备注
二氧化硫	1260	630	电力行业
氨氮	4375	875	工业企业
化学需氧量	3500	700	工业企业

资料来源：魏光明（2010：35）。

排污收费的另外一个问题是征收范围太窄，2003年3月28日，由国家发展计划委员会、财政部、国家环境保护总局和国家经济贸易委员会依据"新条例"联合颁发的《排污费征收标准管理办法》在第三条中明确了排污收费的具体范围，包括污水排污费、废气排污费、固体废物以及危险废物排污费和噪声超标排污费。现有的排污收费范围和《征收排污费暂行办法》相比已经有所扩大，但征收项目依然不全。一方面受制于监测方面的困难，比如《排污费征收标准管理办法》第三条第二项规定："对机动车、飞机、船舶等流动污染源暂不征收废气排污费。"第三条第三项规定："对机动车、飞机、船舶等流动污染源暂不征收噪声超标排污费。"另一方面是由于某些污染物的毒性较小，当时并没有引起重视，但大量排放同样会引起环境的恶化，比如《排污费征收标准管理办法》第三条第一项规定"对氨氮、总磷暂不收费"，引发的直接后果是许多湖泊、河流的富营养化，据《2007年度江苏省环境状况公报》显示："太湖湖体高锰酸盐指数达到地表水环境质量Ⅲ类标准，总磷平均浓度达到Ⅳ类标准，总氮平均浓度劣于Ⅴ类，全湖富营养化程度为中度富营养化"，直接导致2007年5月蓝藻在太湖西部的集中爆发。直到2008年《江苏省人民政府办公厅关于印发江苏省太湖流域污水处理单位氨氮总磷超标排污费收费办法的通知》规定对超标的氨氮、总磷征收单位污染当量0.9元的排污费，太湖的富营养化才逐步得到控制，蓝藻才不再大面积爆发。除此之外，一氧化碳、二氧化碳、氟利昂还没有列入收费项目。

（二）排污费征收刚性不足，转嫁现象严重

《排污费征收管理使用条例》第六条规定："排污者应该向县级以上人民政府环境保护行政主管部门申报排放污染物的种类、数量，并提供相关资料。"在第七条中又规定县级以上地方人民政府环境保护部门对排放污染物的种类、数量进行核定。但在实际操作过程中，由于企业数量众多、污染物的种类繁杂、环保部门人员不足、监测技术落后，很多地方主要依靠企业自主申报，检查核定流于形式，数据的可靠性和真实性大打折扣，真实排污费的少缴、漏缴、拖缴、不缴情况严重。即使对于污染特别严重、造成重大经济损失的事件，也没有有效的威慑机制，比如2012年3月15日国家海洋局局长解释了对造成渤海湾特大漏油事件的康菲石油公司处以

行政罚款20万元的依据，他认为这次事件造成的损失难以估算，但按照《中华人民共和国海洋环境保护法》，20万元的罚款已经是最高上限。这个处理意见凸显了我国环境保护的尴尬，一方面法律修订严重滞后，另一方面现有法律得不到很好的执行，环境污染物排放居高不下的原因也就显而易见了。

转嫁现象严重是排污费征收过程中遇到的另外一个难题，依据我国现行会计制度，排污费可以计入定价成本，参与企业利润抵扣。这就导致一些议价能力强、具有垄断地位的企业将治污成本转嫁给消费者，从而丧失了创新动力。

（三）征收使用不规范，地方保护主义严重

在排污费的征收和使用过程中，出现了很多不规范的现象。例如，《排污费征收标准管理办法》第二条第三项规定："对向城市污水集中处理设施排放污水、按规定缴纳污水处理费的，不再征收污水排污费。"但事实上，重复收费的现象时有发生，企业经常要同时缴纳这两种费用。排污费的挤占、截留等现象也很严重，由于资金短缺现象严重，加上政府工作的不透明，环保部门经常把用于污染治理的资金转移到发放人员工资、购买办公设备等方面。

在排污费征收过程中还存在严重的地方保护主义现象，许多地方政府官员认为保护环境和治理污染会导致经济增长的下滑，影响自身的晋升，因此对排污收费并不严格要求，随意收费、人情收费、协商收费的事时有发生，涉及上下游关系的跨界水污染问题时，有些地方政府更是只从本地利益出发，这也是环境质量屡治屡坏的根本原因。

三　排污权交易在我国的实践

我国的排污权交易实践起始于20世纪80年代末，1987年，上海市闵行区首先开展了企业之间水污染排放权转让的实践。当时上

海钢铁十厂要新建一个工厂，每天要排放十吨废水，但排污许可证已经发放完毕。在这种情况下，正好有一家经济效益不好的企业即将关闭，钢铁十厂以每年支付 4 万元的价格购买了该厂的排污许可证。闵行区环保局以及市环保局对这一新生事物进行了总结，开展了排污权交易的试点工作（吴志春等，2001）。1988 年颁布的《水污染排放许可证管理暂行办法》第四章第二十一条规定："水污染排放总量控制指标，可以在本地区的排污单位间相互调剂。"为了探索理论和方法，1988 年国家在上海、北京、徐州、常州等 18 个城市推行水污染排放许可证制度，积累了许多宝贵的经验（刘颖宇，2007：58）。对大气污染排放交易权的试点工作出现在 1991 年，上海、天津等 16 个城市被列入了首批试点城市，1994 年原国家环保总局正式对包头、柳州、太原、平顶山、贵阳和开远 6 个城市试行二氧化硫和烟尘的排污权交易制度（张景玲，2007：120）。1999 年国务院对原国家环保总局提交的《"九五"期间全国主要污染物排放总量控制计划》的批复中明确指出要依据不同地区和不同时期的实际情况，确定不同的污染物排放控制指标，要建立排放总量控制体系和管理方法，并定期公布，排污权许可证制度推广到了全国所有城市。总体而言，这一段时间还处于萌芽时期，主要是推行排污许可证制度，排污权交易制度还没有确立。

进入"十五"之后，排污权交易试点工作进一步完善，借助美国环保协会的支持，我国在辽宁本溪、江苏南通等地开始了一系列实质性的试点，南通试点是我国第一次成功的二氧化硫排污权交易案例，2001 年，南通醋酸纤维有限公司为了扩大生产规模，向南通天生港发电公司购买了总共六年每年 300 吨的二氧化硫排污权指标，交易价格为每吨 250 元。有趣的是，南通醋酸纤维有限公司之后加大环保投入，创新清洁技术，逐渐实现了从买方向卖方的转变，2008 年和世界 500 强企业日本王子制纸株式会社签订了为期 5

年共计 2000 吨的二氧化硫排污权出售合同（金浩波，2011：54）。异地购买排污权的案例则出现在 2002 年，原国家环保总局和美国环保协会安排天津、山东、山西、上海、江苏、河南、柳州七个省市及中国华能集团公司开展二氧化硫总量控制及排污权交易试点计划，江苏太仓环保发电有限公司因扩建发电供热机组，缺口 1700 吨的二氧化硫排放指标，而南京下关发电厂由于从芬兰引进先进的治污技术，每年可以节约 3000 吨的二氧化硫排放指标，在江苏省环保厅的牵线搭桥下，双方达成协议，江苏太仓环保发电有限公司以每公斤 1 元的价格向南京下关发电厂购买了 1700 吨二氧化硫排污权指标，双方都取得了很好的经济效益。这一阶段出现了一些成功的排污权交易案例，但基本是政府部门参与的"拉郎配"形式，自发交易还没有建立起来。

2007 年之后，国家积极推动环境经济政策研究与试点项目，环境公共政策、生态环境补偿、排污权有偿和排污交易、环境税收、环境金融政策等一系列政策研究陆续展开。2007 年国务院印发的《国家"十一五"环境保护规划》提到，在有条件的地区可首先实施排污权交易，各地也陆续出台了一系列有关排污权交易的地方法规，积极探索交易的方式方法，交易标的物日渐宽泛，交易空间不断扩大，交易模式不断多样化。"十一五"期间，天津、内蒙古、山西、江苏、浙江、湖北、湖南、重庆 8 省市区先后被环保部列为排污权交易试点地区，上海、山东、辽宁、河北、四川、贵州等地也自发地在全省或部分地区试点排污权交易。比如浙江省嘉兴市在 2007 年 8 月出台了《嘉兴市主要污染物排污权交易办法（试行）》以及《嘉兴市主要污染物排污权交易办法实施细则（试行）》；江苏省人大常委会 2007 年通过了《江苏省太湖流域水污染防治条例》，2010 年 8 月又通过了《江苏省太湖流域主要水污染物排污权交易管理暂行办法》；上海市 2008 年出台了《上海市二氧

化硫排放配额交易规则》、《上海市二氧化硫排放配额交易管理办
法》；湖北省2009年颁布了《湖北省主要污染物排污权交易规则
（试行）》。从实施效果看，很多地方都取得了良好的生态效益和经
济效益，据浙江省环保局统计，截至2011年6月底，全省共有11
个市、35个县开展了排污权有偿使用和交易试点工作，累计实现
排污权有偿使用的企业4642家，缴纳有偿使用费8.31亿元，排污
权交易1274笔，排污权有偿使用和交易金额总数达到11.23亿元
（岳德亮，2011）。在上海、北京、天津等地区，排污权交易中心
先后成立，2008年5月，天津排污权交易所成立；同年8月5日，
上海环境能源交易所和北京环境交易所在同一天成立。与以前主要
由环保部门作为运作平台相比，这些以各类环境权益产品为交易标
的物的商业化运作交易平台的建立标志着排污权交易在我国更加活
跃和市场化了。

20多年来，排污权交易在我国从无到有，普及范围越来越大，
但仍然处于试点阶段，尚没有在全国全面展开，存在的主要问题有
如下几方面。

（一）有关排污权交易制度的法律法规体系仍没有建立

当前，在国家层面，排污权交易制度的法律支撑体系还是一片
空白，基本法《中华人民共和国环境保护法》对排污权交易只字
未提，《大气污染防治法》和《水污染防治法》只是提到了排污总
量控制和排污许可证制度，2005年12月国务院发布的《关于落实
科学发展观加强环境保护的决定》以及2007年的《国家"十一
五"环境保护规划》提出在条件成熟的地方可以试行排污权交易
制度，但既没有制定交易的规则，也没有规定交易各方的责任和权
利以及违约处罚办法等。有些地方政府制定了一些法规条例，如江
苏省人大修订的《江苏省太湖流域水污染防治条例》规定太湖流域
逐步实现污染物排放的总量控制和有偿交易制度，浙江省2009年制

定了《浙江省水污染防治条例》,规定了排污权交易的程序以及法律监督等,但这些法规条例都是地方性规章制度,普适性和权威性都受到一定的质疑。因为没有上位法的支持,嘉兴市在有偿分配排污权时承认了现有企业的既得排污,只对新建和扩建项目收费,这一方面有利于减少制度的推行阻力,另一方面也是无奈之举。

(二) 排污权交易市场尚不完善

科斯定理成立的前提条件是市场交易费用为零,因此越接近于完全竞争市场,科斯定理的适用性越强。而我国的排污权交易市场没有完全建立起来,过去排污权交易试点中的许多成功案例是在政府牵头下交易双方达成的协议,并不完全属于市场行为,带有很强的行政干预色彩。因为交易价格经常要参考政府的"指导价格",所以并不反映排污权额度的实际供需情况。正因为如此,市场上参与主体不多,参与程度不高,由于交易价格偏低,排污权富余者通常并不愿意出售排污权,而倾向于为以后的发展预留指标,导致市场上的供需关系很不平衡,河南省甚至出现了 2004~2008 年排污交易试点四年零交易的现象 (谭野,2008:56)。

我国是制造业大国,许多企业规模较小,技术落后,污染物排放量较多,建立排污权交易市场可以降低搜寻和监督成本,但许多地方政府实行保护主义政策,一旦涉及跨地区排污权交易,从交易对象的选择到最终价格的确定都参与其中,以行政命令代替市场运作,再加上排污交易市场复杂、程序操作难度大,排污交易难以得到真正的实施。

(三) 排污总量核算体系没有建立,监测技术和手段落后

环境承载能力以及排放总量的控制水平一直以来都是实行排污权交易的难题。首先是环境承载能力的计算,由于每个地区自然条件的不同,环境容量也存在很大的差异,比如靠近海边的地区相对来说就比生态环境脆弱的西部地区自我净化能力要强,而环境承载

能力的测算恰恰是制定排污交易总量的依据。各污染行业平均污染指数以及各企业污染源排放量的监测和计算是另外一个重要的问题，我国环保部门监测能力有限，人力不足，很多地区依靠企业上报信息来核定排污量，难以掌握排污企业的真实排放数据。或者即使安装了自我跟踪和监测设备，由于使用经验不足，并没有完全发挥仪器设备的作用。比如浙江省嘉兴市建立了排污跟踪系统（ETS）、年度调整系统（ARS）和许可排污跟踪系统（ATS），但在实际运行过程中，排污总量的动态管理并没有得到实现。

（四）排污配额分配办法还没有得到解决

从本质上来讲，可交易的排污权也是一种财产权，直接决定了企业的生产成本和竞争能力，因此，在分配排污权时要兼顾效率和公平的原则。现有的分配方案对老企业大都采取无偿分配的方式，而要求新建、改建和扩建的企业有偿购买排污权。比如嘉兴市承认 2007 年 11 月 1 日之前已建成项目的排放权，但之后所有的新扩建项目都要通过市场购买的方式取得排污权。湖北省对 2008 年 10 月 28 日之前已建成项目和取得环境保护部门环境影响行政批复文件的企业实行排污权的免费分配，而对此后批复的工业建设项目要求其通过市场交易购买排污权（代军、吴克明，2011：16）。这种增量改革方式的好处是减少了制度的推行成本，效率得以体现；而坏处是损害了公平原则，一些老企业生产设备落后，排污量很高，却获得了较多的排污权，而新企业技术先进，污染物排放少，反而需要到市场购买排污权。

四　公众参与和信息披露型环境规制工具在我国的实践

公众参与和信息披露型环境规制工具的使用在世界范围内日益广泛。我国公众参与环境管理主要是通过人大和政协会议、听证会、信访与投诉、舆论监督等方式。2006 年原国家环保总局颁布的《环境影响评价公众参与暂行办法》详细规定了公众参与的

基本原则。但在实际执行过程中，公众参与还远远不够，首先是
信息不够公开，公众对于环境质量的知情权在一定程度上得不到
满足，比如很多地方的环保部门都监测到了空气中可吸入悬浮颗
粒 PM2.5 的数据，但出于各种原因没有公布。其次是决策不够民
主，一些影响到公共环境权益的项目在开展之前没有咨询和倾听
公众的声音，论证会和听证会在很多时候还是走过场，民众对决
策者的制约能力不够。最后是环境受害者的诉讼往往得不到立
案，或者即使得到立案，由于法律赔偿制度的不够完善，排污者
所受的惩罚远远小于其得到的收益，因此，公众参与环境保护在
我国还任重而道远。

　　总体而言，和发达国家相比，信息披露型环境规制工具在我国
还没有得到广泛的应用。比如生态标签，欧洲国家的产品从家具、
皮革到食品等，生态标签都起着重要的作用，从 2010 年 7 月 1 日
起，所有的欧盟国家都要在符合有关安全标准的食品包装上标明被
称为"欧洲之叶"的有机标签。我们国家的生态标签的起步并不
晚，1994 年 5 月 17 日我国环境标志产品认证委员会成立，2003 年
9 月原国家环保总局环境认证中心成立，使用比较广泛的是 I 型环
境标志，其包含的产品种类和范围有家用电器、无铅汽油、节能灯
具、生态纺织品等共计 89 类。但是和外国相比，无论是涵盖品种、
使用范围还是公众认可程度都比德国蓝色天使、北欧白天鹅、法国
NF 环境标志、日本生态标签等要小得多。

　　我国认识和接受 ISO14000 环境质量管理认证始于 1997 年，
1998 年下半年开始正式推行，从 2002 年开始，我国 ISO 标准的实
施与管理工作由国家认证监督委员会负责。ISO14000 实行以来，
大大改善了我国资源利用效率低下、浪费严重的现象，推动了产业
升级，增强了企业的出口竞争能力，保证了我国可持续发展战略的
实施。但总体而言，ISO14000 环境质量认证体系在我国开展还不

普遍，据王俊豪、李云雁（2009：23）对浙江中小企业的问卷调查，仅仅只有 1/4 的企业已通过或者即将通过 ISO14000 环境质量认证体系。

表 4 - 4   中国的公众参与和信息披露型环境规制工具

具体政策	实施部门	开始时间	作用对象	实施范围
人大会议	人大常委会	1949	人大代表	全国
政协会议	政协委员会	1949	政协委员	全国
听证会	政府		群众代表	全国
信访与投诉	政府与环保部门		公民	全国
舆论监督	政府和新闻机构		与环保相关对象	全国
环境标志	环保部门	1994	企业	全国
ISO14000	环保部门	1996	城市、区域、企业	全国
环境质量公报	环保部门	1997	主要城市	全国
自愿协议	环保部门、NGO	2003	企业	全国

资料来源：蒋洪强等（2009：225～226）。

自从日本 1964 年首先实行自愿协议以来，环境自愿协议在能源、工业、气候变化等多个领域广泛流行。在我国，20 世纪 90 年代由于国家发展迅速，对能源的需求日益增多，并越来越依赖于从国外进口，在原国家经贸委资源司的支持下，中国节能协会依靠美国能源基金会的项目资金和美国劳伦斯伯克利实验室的技术帮助，在山东实行试点。2003 年，山东省政府和济南钢铁和莱芜钢铁两家公司分别签订了节能自愿协议，承诺三年内节约 100 万吨煤。2005 年，济南钢铁综合能耗降低了 9%，二氧化碳排放和二氧化硫排放分别比签约前减少 17.52 万吨和 5256 吨；莱芜钢铁综合能耗降低了 5%，二氧化碳和二氧化硫排放分别比签约前减少 4.19 万吨和1258 吨（马丽、李惠民、齐晔，2011：97）。2010 年，工信部和华为签订了节能自愿协议，华为承诺到 2012 年底平均能耗下降 35%。但总体而言，自愿协议在我国还处于试点阶段，没有广泛推行。

第五节 小结

本章介绍了三种类型的环境规制工具，分别是以信息披露和公众参与为特征的环境规制工具、命令控制型环境规制工具和基于市场的环境规制工具。其中，后两种环境规制工具在现实生活中的应用更为广泛，而第一种环境规制工具的推广也在逐渐普及，特别是在发达国家尤为如此。

和基于市场的环境规制工具相比，命令控制型环境规制工具的优点是简单方便、可操作性强，缺点是需要社会计划者充分掌握排污者的私人信息，而这通常是难以做到的，即使是尽可能地去做，其成本也非常大。命令-控制型环境规制工具的另外一个缺点是企业缺乏创新动机，在给定技术标准的条件下，企业不能选择其他技术；在给定绩效标准的条件下，企业一旦完成社会计划者规定的减排任务，就再也没有动机继续创新环保技术，因为继续减少污染物的排放不能产生任何经济利益。

以市场激励为基础的环境规制工具较好地解决了成本和激励问题，在实施环境税的条件下，因为减少污染物的排放就减少了税收的缴纳，企业有激励创新环保技术；在实施排污权交易制度安排下，降低污染物排放而节约的排污权配额能够在市场上出售，企业也有动机技术创新。并且，和命令控制型环境规制工具相比，企业达到社会计划者规定的污染标准的途径更多，除了降低产量、技术创新这两条途径外，还可以选择缴纳环境税或购买排污权。更多的途径通常意味更低的实施成本，因为市场交易的结果就是成本最低者完成治污任务。

基于市场的环境规制工具的存在并不能否认命令控制型规制工具的价值，因为无论是环境税还是排污权交易都有难以解决的问题，环境税的问题在于税率很难确定，按照庇古的理论，环境税应该等于社会成本和私人成本之间的差额，但实际上，社会成本和私人成本都很难衡量，差额就难以确定。环境税的另外一个问题是必须要随时调整税率，因为通货膨胀等因素的存在，实际环境税率在不断变化，而调整是需要付出成本的。正是因为环境税税率难以确定，一些不良后果也就随之发生，如果环境税税率高于理想状态，就给企业带来较大的成本，企业的竞争力减弱；如果环境税税率低于理想状态，企业出于"理性"考虑必然加大排污力度，环境污染就得不到解决。而排污权交易制度也不是无懈可击，首先排污总量的确定需要进行科学的估算，如果排污总量额度过高，排污权交易就没有任何意义，没有人需要购买排污权；如果排污总量额度过低，企业的成本也随之上升，削弱了企业的竞争力。另外一个是排污权的分配问题，无偿分配和拍卖许可的效果是不一样的，无偿分配的好处是制度的推行遇到的阻力较小，坏处是相当于企业得到了一份免费的资产，而污染治理支出将由国家财政负担，必然造成税收的扭曲。无偿分配的另外一个缺陷是排污权分配过程中的寻租现象，对于不同的利益主体来说，按照什么标准分配排污权有不同的立场，通常各种利益主体都会游说社会计划者制定最有利于自身的分配方案，甚至通过贿赂等不正当方式达成目的。拍卖许可不存在这个问题，国家通过排污权的出售将获得一定的收入用于污染治理，企业买卖双方也通过排污权的交易得到了经济利益，但拍卖许可费用由企业负担，其推行必然受到企业的反对。

因此，总体而言，命令控制型环境规制工具和基于市场的环境规制工具之间更多的是互补关系，而不是替代关系。比如，对于技术要求苛刻、涉及人民群众生命安全的项目来说，命令控制型环境规制工具有自身的优势；而基于市场的环境规制工具拥有节约成本和鼓励创新的特点，应该在环境规制实施过程中起到更加重要的作用。当然，无论是哪种工具，都需要基本的条件，就是完备的法律和合适的社会环境，没有完备的法律，即使是最严格的环境规制工具，也会因较低的违约成本而发挥不了作用；没有合适的社会环境和民意基础，制度的推行就会遇到较大的阻力，从这个意义上讲，经济发展水平的上升将降低制度运行的成本。除了上述条件，排污权交易制度还要求完备的市场条件，只有拥有完备的市场条件，交易成本才能降低，制度才会发挥作用。正是因为不具备该项条件，我国的排污权交易制度虽然推行了一些年，但效果始终不尽如人意。

因此，要想进一步发挥环境规制的有效性，当务之急是要修订完备的法律制度，尽快开征环境保护税，加强环境治理支出的预决算管理，改变当前的环境管理体制，并尽可能保护公众参与地方环境治理行为。从这个意义上讲，环境机制的设计不仅仅限于自身，还和整个经济政治制度的设计有关。

第五章　环境污染、治理路径与可持续发展

第一节　引言

当回顾和评价中国改革开放 30 多年来走过的风雨历程时，全世界津津乐道于中国在发展本国经济和改善人民生活方面所取得的丰硕成果，但一些有识之士始终怀有一丝隐隐的担忧。这种担忧基于以下的事实：根据美国耶鲁大学和哥伦比亚大学联合推出的 2012 年世界环境绩效指数（Environmental Performance Index）排名，中国在总共 163 个国家和地区中仅列 116 位。现有的发展模式面临着国际国内的双重压力：一方面，作为世界上仅次于美国的第二大能源消耗国，同时也是第一大二氧化碳排放国，国际社会要求我国制定更具约束力的节能减排方案；另一方面，真正的压力来自于我国经济发展自身内在的需要，高能耗、高排放带来的高增长看似炫目，实则难以持续，《中国环境经济核算研究报告 2008》显示，2008 年我国生态环境退化成本和治理成本之和已经超过了 GDP 的 5%，巨大且呈不断攀升之势的污染治理成本对我国的可持续发展造成了严重的阻碍。

中国已经意识到这一问题的严重性，"十二五"规划纲要着重

强调要加快构建资源约束、环境友好型社会，增强可持续发展能力。但在市场经济实践中，环境保护和经济发展常常表现为矛盾统一体，呈现两难格局（张红凤，2009：14）。一方面，经济发展难免增加物质消耗，产生环境污染；另一方面，如果不发展经济，人民生活水平就无法改善，甚至于 Barlett（1994：14）认为，发展经济本身就是保护环境的最好手段。和西方发达国家不同，中国制造业对经济增长的贡献远超西方国家，城市居民占总人口的比例在2011 年刚刚过半，"保增长"依然是人民享受物质文明的必要手段；但人民感知的幸福程度不仅限于在物质生活上的满足，还包括享受优美的环境，"促民生"才是发展经济的根本目的。因此，环境问题仍然是一个权衡问题，基于理性人的效用最大化解释在此依然适用，无论是不计成本的发展还是把环境和发展看成非此即彼的对立关系都是错误的。

　　实际上，最大的分歧不在于是否需要环境治理，而在于如何进行环境治理。在环境污染治理的路径选择上，有两种思路：一种是维持环境标准不变，单纯增加治污投入的思路，即"末端治理"的方式；另一种是在增加治污投入的同时，逐步提高环保标准，控制污染物的产生和排放，即"源头控制"的发展思路。许多地区避而不谈第一种治理思路，却在发展过程中实际施行该思路；而随着资源、环境承载能力的余量越来越小，第二种发展思路日益受到重视。本书希望厘清这两种不同的治理模式，并回答如下问题：为什么各地无论原有的历史、地理或禀赋条件有多大不同，发展到一定阶段以后，必然在处理经济发展和环境保护之间的关系上作出改变？各地选择不同的治理路径对可持续发展会产生什么截然不同的影响？

　　本章的内容安排如下：第二节回顾已有文献；第三节基于无限寿命期消费者效用最大的前提条件，刻画了不同的污染治理思路如何导致了不同的经济绩效；第四节用中国的经验数据实证分析；第五节得出结论并给出相应的政策建议。

第二节 环境污染和经济增长关系的理论演进

对经济增长和环境污染的关系的研究起源于人们对环境承载能力的担忧，著名的"罗马俱乐部"成员 Medows（1972：51－68）提出经济增长需要大量的物质和能源投入，同时排放出大量的废物，导致了环境质量的恶化和人们福利的下降，增长的极限即将来到，从而引发了广泛的讨论。一些环境经济学家（Forster，1972：284；Dasgupta et al.，1974：5）运用新古典增长模型分别从环境污染和资源耗竭等角度对经济增长的影响进行了研究，得出了相对乐观的结论。John 和 Pecchenino（1995：129）在一个世代交替模型中分析了经济增长和环境质量之间的关系，发现环境质量随着经济增长出现先下降再上升的过程，并论断了经济和环境质量同时持续增长的可能性是存在的，但模型存在多重均衡，且无法排除对环境过度治理的情况。Grossman 和 Krueger（1991，1995：367）通过对42 个国家的污染物（重金属、化学需氧量等）排放和经济增长的相关数据进行分析，证实了两者之间存在着类似于库兹涅茨曲线的倒"U"型关系，在发展初期，经济增长伴随着环境的恶化，随着人们生活水平的上升，技术进步和结构升级将抵消经济总量增长导致的污染物的增加，这也得到了国内许多文献的证实（林伯强、蒋竺均，2009：34；许广月、宋德勇，2010：43；朱平辉等，2010：69）。

在上述模型中，技术进步是外生给定的，这往往会引起争议。Lucas（1988：7）、Romer（1986：1014，1990：79）、Barro（1991：409）发展的内生经济增长模型，采取动态最优化的方法，暗含了短期和长期之间的利益权衡，经济学家很自然地把人口和环境因素引入内生经济增长模型，使得两者之间的关系得到了进一步的阐述。这些理论包括：Bovenberg 和 Smulders（1995：371）将环境因素引入 Romer（1986：1014）的知识外溢模型；Stokey（1998：10）将环境因素引入 Barro（1990：105）的 AK 模型；Aghion 和 Howitt（1998：24－29）引入了"创造性的毁灭"的概念，进一步拓展了 Stokey 的模型，规定了环境质量有一个最低门槛，一旦环境污染超过这一阈值，环境修复将不再可能；孙刚（2004：50）在 Stokey-Aghion 模型的基础上引入了环保投入的概念，分析了环保投入对于长期经济增长的影响，但没有考虑人力资本因素，也没有指出平衡增长路径；彭水军、包群（2006：117）则吸收了 Lucas（1988：17）的思想，将人力资本因素引入了 Romer（1990：79）的产品水平创新模型；黄菁、陈霜华（2011：149）在此基础上运用中国的经验数据作了实证分析，但他们只讨论了"源头控制"这一种情况。

现有文献没有能够把"末端治理"和"源头控制"两种不同的治理思路统一在包含人力资本积累的内生经济增长分析框架内，探讨可持续发展的最优增长路径问题。本书意图架构这一桥梁，基于 Stokey-Aghion—孙刚模型，引入 Lucas 的内生经济增长思想，对原有模型作进一步拓展，主要贡献如下：一，引入人力资本积累这一因素，分析了"末端治理"和"源头控制"两种不同治理思路下的长期经济增长路径以及绩效差异，探讨了稳态和平衡增长路径的实现条件；二，采用 2003~2009 年中国 29 个省份的面板数据，对保持可持续发展的条件作了经验验证，并对治理路径的选择给出了政策建议。

第三节　模型与拓展

一个封闭经济体，由无数无限期寿命（或有限寿命但无限世代）的同质消费者组成，为了简化分析，不考虑人口增长并将人口规模标准化为1。消费者的效用函数由消费数量和环境质量共同决定，用 $U(C,E)$ 表示。其中 C 表示人均消费，E 表示环境质量，沿用 Aghion 和 Howitt（1998：24 - 29）的定义，环境质量存在一个上限值，即不可能超过完全无污染时候的环境质量，除非完全没有任何经济活动。因此可以定义 E 为实际环境质量和环境质量上限之差，同时考虑到环境质量水平不能低于不可逆转的毁灭性灾难 E_{min}，可得 $E \in (E_{min}, 0)$。

一　基准模型：不考虑人力资本积累的情形

假设 $U(C,E)$ 是一个标准的固定弹性、加性可分的效用函数，可以表示为：

$$U(C,E) = \frac{C^{1-\sigma} - 1}{1 - \sigma} - \frac{(-E)^{1+\omega} - 1}{1 + \omega} \qquad \sigma, \omega > 0$$

其中，$U_C = C^{-\sigma} > 0$，$U_{CC} = -\sigma C^{-\sigma-1} < 0$，$U_E = (-E)^{\omega} > 0$。$\sigma$ 表示跨期替代弹性的倒数，ω 表示消费者对环境质量的偏好程度。

由上述效用函数，可知消费者的福利函数为：

$$W = \int_0^{+\infty} e^{-\rho t} U(C,E) dt \qquad \rho > 0$$

ρ 表示时间贴现率，即当代人对后代人利益的关注程度，$\rho \to 0$ 表示当代人把子孙后代的利益看得和自己一样重，$\rho \to +\infty$ 则表示当代人完全漠视子孙后代的利益。

根据 Stokey-Aghion - 孙刚模型，社会总产出方程可以表示为：

$$Y = AKZ \qquad 0 < Z < 1$$

其中 A 表示技术水平；K 表示资本总量；Z 表示污染密度或者环

境标准，$Z < 1$ 是因为削减污染物的排放需要占用一定的资源，从而导致有效产出的减少，Z 越大，表示现行环境标准越低。

污染物排放量 P 受到三方面因素的影响：一是总产出水平 Y，在污染密度和执行力度不变的条件下，产出水平越高，污染程度越严重；二是污染密度 Z，Z 越大，则污染物排放越多；三是环境标准的执行力度 γ，γ 越大，则给定环境标准的实际污染程度越低，污染物排放量可以表示为：

$$P = YZ^{\gamma}, 0 < Z < 1, \gamma > 1$$

对 Z 求偏导数，可得：$P_z = \gamma YZ^{\gamma-1} > 0$，$P_{zz} = \gamma（\gamma - 1）YZ^{\gamma-2} > 0$，$\gamma > 1$ 保证了二阶导数大于 0。

由此可知，污染密度越大，环境标准水平越低，污染物排放量越多；而且污染的边际成本是递增的，环境被破坏得越厉害，恢复起来就越困难。

环境污染会降低环境质量水平，反过来，环境本身还有个自我净化的过程，假设环境自我更新的速度为 θ，除此之外，政府还可以通过增加对环境保护的投入来改善环境，设环保投入水平为 I，投入对环境质量改善的贡献为 $R(I)$，$R'(I) > 0$，且 $\lim_{I \to +\infty} R(I) = +\infty$，即环保投入对环境质量的改善没有上限。由此环境质量的运动方程可以设定为如下形式：

$$E = -YZ^{\gamma} - \theta E + R(I)$$

因为环保投入和消费一样要消耗一部分产出，物质资本的积累方程为：

$$K = Y - C - I - \delta K$$

社会计划者的目标是寻求代表性消费者在无限时域上的效用最大化，动态最优化问题可以表示为：

$$\underset{C,I}{\text{Max}}\int_{0}^{+\infty} e^{-\rho t}\left[\frac{C^{1-\sigma}-1}{1-\sigma}-\frac{(-E)^{1+\omega}-1}{1+\omega}\right]dt$$

$$s.t. \quad Y = AKZ \tag{1}$$

$$\dot{K} = Y - C - I - \delta K \tag{2}$$

$$\dot{E} = -YZ^{\gamma} - \theta E + R(I) \tag{3}$$

现在区分两种治理思路：①"末端治理"思路。环境标准 Z 和执行力度 γ 保持不变，只通过增加环保投入 I 清除已排放的污染物。我们假设社会计划者规定一个最低环境标准水平 Z_f，即所有企业在生产过程中的污染密度 $Z \leqslant Z_f$，因为环境资源的公共品性质，依据外部性原理，理性排污者选择的最优污染排放密度水平为 Z_f，我们同时假定不变的环保标准执行力度为 γ_1；②"源头控制"思路。社会计划者逐步提高环境标准 Z 和执行力度 γ，促使企业不断创新和使用清洁技术，从而达到减少污染物排放的目的。孙刚（2004：50）分别把 Z_f 和 Z 代入上述最优化方程组，得出了这两种情形下的最优消费路径：

$$\frac{\dot{C}}{C} = \frac{1}{\sigma}\left[AZ_f\left(1-\frac{Z_f^{\gamma_1}}{R'(I)}\right)-\rho-\delta\right] \tag{4}$$

$$\frac{\dot{C}}{C} = \frac{1}{\sigma}\left(AZ\frac{\gamma}{1+\gamma}-\rho-\delta\right) \tag{5}$$

二　拓展模型：考虑人力资本积累的情形

根据 Uzawa（1965：24）和 Lucas（1988：17）对人力资本生产函数的设定，可将人力资本划分为用于最终产品生产和用于人力资本积累两部分，设两部分的比例分别为 u 和 $1-u$，同时，设人力资本积累速度为 μ，则人力资本的积累方程为：

$$\dot{H} = \mu(1-u)H, \mu > 0$$

把人力资本理论和 Brock 和 Taylor（2004）的思想结合起来，最终产出方程可以表示为：

$$Y = AK^{\alpha}(uH)^{1-\alpha}Z \qquad 0 < \alpha, Z < 1$$

参照基准模型的分析框架，我们将讨论"末端治理"和"源头控制"两种不同治理思路下的长期增长路径。

（一）长期经济增长路径："末端治理"思路

在考虑了人力资本积累因素之后，遵循"末端治理"思路的社会计划者的动态最优化问题可以表示为：

$$\operatorname*{Max}_{C,u,I} \int_{0}^{+\infty} e^{-\rho t}\Big[\frac{C^{1-\sigma}-1}{1-\sigma} - \frac{(-E)^{1+\omega}-1}{1+\omega}\Big]dt \qquad (6)$$

$$s.\,t. \quad Y = AK^{\alpha}(uH)^{1-\alpha}Z_f \qquad (7)$$

$$\dot{K} = Y - C - I - \delta K \qquad (8)$$

$$\dot{E} = -YZ_f^{\gamma_1} - \theta E + R(I) \qquad (9)$$

$$\dot{H} = \mu(1-u)H \qquad (10)$$

最优增长路径的现值 Hamilton 函数为：

$$Hamilton = \frac{C^{1-\sigma}-1}{1-\sigma} - \frac{(-E)^{1+\omega}-1}{1+\omega} + \lambda_1(Y-C-I-\delta K) +$$

$$\lambda_2[-YZ_f^{\gamma_1} - \theta E + R(I)] + \lambda_3[\mu(1-u)H]$$

分别对三个控制变量 C, I, u 求偏导数，得到一阶条件：

$$C^{-\sigma} = \lambda_1 \qquad (11)$$

$$\lambda_1 = \lambda_2 R'(I) \qquad (12)$$

$$\lambda_1(1-\alpha)\frac{Y}{u} - \lambda_2(1-\alpha)\frac{Y}{u}Z_f^{\gamma_1} - \lambda_3\mu H = 0 \qquad (13)$$

设 $H_Y = uH$，把公式（12）代入公式（13），可得到：

$$(1 - \alpha)\lambda_1 \frac{Y}{H_Y}\Big[1 - \frac{Z_f^{\gamma_1}}{R'(I)} \Big] = \mu\lambda_3 \tag{14}$$

再对三个状态变量 K，E，H 分别求偏导数，得到欧拉方程：

$$\dot{\lambda}_1 = \rho\lambda_1 - \lambda_1\alpha\frac{Y}{K} + \lambda_1\delta + \lambda_2\alpha\frac{Y}{K}Z_f^{\gamma_1} \tag{15}$$

$$\dot{\lambda}_2 = -(-E)^\omega + (\rho + \theta)\lambda_2 \tag{16}$$

$$\dot{\lambda}_3 = \rho\lambda_3 - \lambda_1(1 - \alpha)\frac{Y}{H} + \lambda_2(1 - \alpha)\frac{Y}{H}Z_f^{\gamma_1} - \lambda_3\mu(1 - u) \tag{17}$$

由方程（11）、（12）、（15），可以解得消费者的最优消费路径为：

$$
\begin{aligned}
\frac{\dot{C}}{C} &= \frac{1}{\sigma}\Big[\alpha\frac{Y}{K}\Big(1 - \frac{Z_f^{\gamma_1}}{R'(I)} \Big) - \rho - \delta \Big] \\
&= \frac{1}{\sigma}\Big[\alpha A \Big(\frac{H_Y}{K} \Big)^{1-\alpha} Z_f\Big(1 - \frac{Z_f^{\gamma_1}}{R'(I)} \Big) - \rho - \delta \Big]
\end{aligned} \tag{18}
$$

经济可持续发展的首要条件是保证 $E > E_{\min}$ 成立，这样环境质量才不会崩溃。在本模型中，依据 $\dot{E} = -YZ_f^{\gamma_1} - \theta E + R(I)$，当产出 Y 持续增长时，因为无法调整 Z 和 γ 的大小，$YZ_f^{\gamma_1}$ 趋向于无穷大，但由于环保投入 I 对环境的改善作用 $R(I)$，且 $\lim\limits_{I \to +\infty} R(I) = +\infty$，就有可能抵消污染对环境的破坏作用；另外，人力资本 H_Y 在本模型中是可变的，这也有利于保证可持续发展目标的实现，这一结论可以通过比较（4）式和（18）式得以佐证。在（18）式中，只要人力资本积累和环保投入对环境质量改善的贡献大于物质资本增长对环境造成的损害，消费的持续增长完全有可能实现，从（18）式还可以得知时间贴现率 ρ 和资本折旧率 δ 越小，消费持续增长的条件就越容易满足。

但满足环境质量方程和最优消费路径只是存在平衡增长路径和可持续发展成立的必要条件，接下来我们进一步展开讨论。

如果存在平衡增长路径，由方程（8）、（12）、（14）可知，变量 Y, C, K 有相等的增长率：$g_Y = g_C = g_K = g_I =$ 常数。

根据一阶条件，可得：

$$- \sigma g_C = g_{\lambda_1}$$

$$g_{\lambda_1} = g_{\lambda_2} + g_{R'(I)}$$

$$g_{\lambda_1} + g_C - g_{H_\gamma} + \frac{Z_f^{\gamma_1}}{R'(I) - Z_f^{\gamma_1}} g_{R'(I)} = g_{\lambda_3}$$

根据方程（7），可得：

$$g_C = \alpha g_k + (1 - \alpha) g_{H_\gamma}$$

根据方程（9），可得：

$$g_E = g_C = g_{R(I)}$$

根据方程（16），可得：

$$g_{\lambda_2} = \omega g_E$$

根据方程（17），可得：

$$g_{\lambda_3} = \rho - \mu$$

联立以上方程，可得平衡增长路径：

$$g_Y = g_C = g_K = g_E = g_{H_Y}$$

$$= (\mu - \rho) \left[\sigma + \frac{Z_f^{\gamma_1} (\sigma + \omega)}{R'(I) - Z_f^{\gamma_1}} \right]^{-1}$$

$$= (\mu - \rho) \left[\frac{R'(I) \sigma + Z_f^{\gamma_1} \omega}{R'(I) - Z_f^{\gamma_1}} \right]^{-1} \tag{19}$$

$$g_{R'(I)} = - (\sigma + \omega) g_C \tag{20}$$

由此可知，平衡增长路径得以成立的条件：① $\mu > \rho$，也就是说人力资本的积累率必须大于时间贴现率，这样人力资本开发部门才能避免角点解，即经济发展和人力资本积累都为零的情况，从而保证了经济的可持续发展；② $R'(I) > Z_f^{\gamma_i}$，表明环保投入对环保质量改善的贡献必须达到一定的水平，高于社会计划者制定的最低环保标准。

我们分三类情况来讨论可持续发展的问题：

（1）假设环保投入对环境质量改善的边际贡献率递增，即 $R''(I) > 0$，显然根据（19）式，可持续发展完全可能实现。

（2）假设环保投入对环境质量改善的边际贡献率不变，即 $R''(I) = 0$，即 $R'(I) =$ 常数，根据（19）式，只要 $R'(I) > Z_f^{\gamma_i}$，可持续发展也完全可以实现。

（3）假设环保投入对环境质量改善的边际贡献率递减，即 $R''(I) < 0$，则可持续发展将难以保持，只要 $R'(I)$ 下降到小于 $z_f^{\gamma_i}$ 值时，（19）式将为负值，平衡增长路径不存在。

从（20）式可知，$g_{R'(I)} < 0$，说明在现实生活中，环保技术水平在一定时间内不发生根本性进步的情况下，不断增加环保投入产生的治污效果是逐渐下降的，由此可得命题一。

命题一：维持环境标准和执行力度不变、仅仅增加环保投入的"末端治理"思路不可行，因为持续的环保投入对环境质量改善的边际贡献将逐渐下降，最终低于社会计划者制定的最低环保标准。

（二）长期经济增长路径："源头控制"思路

在"末端治理"思路下的长期增长模型中，突出了环境保护投入对于社会计划者最优控制路径的作用。在本节中，不再考虑环保投入这一因素，因为可变的环保标准 Z 和执行力度 γ 已经隐含了这一因素。除此以外，模型基本沿用上一节的假设，故动态最优化问题可以表示为：

$$\underset{C,u,I}{\text{Max}} \int_0^{+\infty} e^{-\rho t}\left[\frac{C^{1-\sigma}-1}{1-\sigma} - \frac{(-E)^{1+\omega}-1}{1+\omega}\right]dt$$

$$s.t. \quad Y = AK^{\alpha}(uH)^{1-\alpha}Z \tag{21}$$

$$\dot{K} = Y - C - \delta K \tag{22}$$

$$\dot{E} = -YZ^{\gamma} - \theta E \tag{23}$$

$$\dot{H} = \mu(1 - u)H \tag{24}$$

构建现值 Hamilton 函数:

$$Hamilton = \frac{C^{1-\sigma} - 1}{1 - \sigma} - \frac{(-E)^{1+\omega} - 1}{1 + \omega} + \lambda_1(Y - C - \delta K) +$$

$$\lambda_2[-YZ^{\gamma} - \theta E] + \lambda_3[\mu(1 - u)H] \tag{25}$$

三个控制变量 C, Z, u 的一阶最优条件为:

$$C^{-\sigma} = \lambda_1 \tag{26}$$

$$\lambda_1 = \lambda_2(1 + \gamma)Z^{\gamma} \tag{27}$$

$$\lambda_3\mu H = \frac{\lambda_1(1-\alpha)Y}{u} - \lambda_2\frac{(1-\alpha)Y}{u}Z^{\gamma} \tag{28}$$

设 $H_Y = uH$,并把(27)式代入(28)式,则(28)式可以改写成下列形式:

$$\lambda_3\mu = (1 - \alpha)\frac{\gamma}{1 + \gamma}\frac{\lambda_1 Y}{H_Y} \tag{29}$$

对三个状态变量 K, E, H 求偏导数,得欧拉方程为:

$$\dot{\lambda}_1 = \rho\lambda_1 - \lambda_1\alpha\frac{Y}{K} + \lambda_1\delta + \lambda_2\alpha\frac{YZ^{\gamma}}{K} \tag{30}$$

$$\dot{\lambda}_2 = \rho\lambda_2 - (-E)^{\omega} + \lambda_2\theta \tag{31}$$

$$\dot{\lambda}_3 = \rho\lambda_3 - \lambda_1(1-\alpha)\frac{Y}{H} + \lambda_2(1-\alpha)\frac{YZ^{\gamma}}{H} - \lambda_3\mu(1-u) \tag{32}$$

由方程(26)、(27)、(30),可知最优消费路径为:

$$\frac{\dot{C}}{C} = \frac{1}{\sigma}\left(\alpha\,\frac{\gamma}{1+\gamma}\,\frac{Y}{K} - \rho - \delta \right)$$

$$= \frac{1}{\sigma}\left[\alpha A\,\frac{\gamma}{1+\gamma}\left(\frac{uH}{K}\right)^{1-\alpha} Z - \rho - \delta \right] \qquad (33)$$

从（33）式可以看出，只要人力资本的增长速度快于物质资本的增长速度，并且足以抵消 Z 的下降速度，可持续发展目标就有可能实现，不过这只是必要条件，接下来我们计算平衡增长路径。

根据方程（22）、（27）、（30），可以知道在平衡增长路径下，变量 Y,C,K 的增长速度相等且等于常数，$g_Y = g_C = g_K$。

根据一阶条件，可得：$-\sigma g_C = g_{\lambda_1}, g_{\lambda_1} = g_{\lambda_2} + \gamma g_Z, g_{\lambda_3} = g_{\lambda_1} + g_Y - g_{H_Y}$。

根据方程（21），可得：$g_C = \alpha g_k + (1-\alpha)g_{H_Y} + g_z$。

根据方程（23），可得：$g_E = g_C + \gamma g_Z$。

根据方程（31），可得：$\omega g_E = g_{\lambda_2}$。

根据方程（27）、（29），方程（32）可以表示为：

$$\dot{\lambda}_3 = \rho\lambda_3 - \mu\lambda_3,\text{则可得}:g_{\lambda_3} = \rho - \mu$$

联立以上方程组，解得平衡增长路径上各变量的稳态增长率：

$$g_Y = g_C = g_K = (\mu - \rho)\left[\sigma + \frac{\omega+\sigma}{\gamma(1-\alpha)(1+\omega)} \right]^{-1} \qquad (34)$$

$$g_Z = -\frac{\omega+\sigma}{\gamma(1+\omega)}g_C \qquad (35)$$

$$g_P = g_E = \frac{1-\sigma}{1+\omega}g_C \qquad (36)$$

$$g_{H_Y} = \left[1 - \frac{\omega+\sigma}{\gamma(1-\alpha)(1+\omega)} \right]g_C \qquad (37)$$

从方程（34）可以知道 $\mu > \rho$，这里的含义和"末端治理"模型中的含义是一样的，保证了在平衡增长路径上，产出、消费和物质资本以相同的速度持续增长。方程（34）对 μ、ρ、σ、ω、

γ 分别作一阶导数，得到：$\dfrac{\partial g_c}{\partial \mu} > 0$，$\dfrac{\partial g_c}{\partial \rho} < 0$，$\dfrac{\partial g_c}{\partial \sigma} < 0$，$\dfrac{\partial g_c}{\partial \omega} > 0$，

$\dfrac{\partial g_c}{\partial \gamma} > 0$。由此可知：人力资本部门的开发效率越高，经济可持续发展能力就越强；时间贴现率 ρ 越低，消费者越关心子孙后代的利益，越具有可持续发展意识，稳态经济增长率就越高；σ 越大，跨期替代弹性 $\dfrac{1}{\sigma}$ 越小，消费者越不会以降低环境质量为代价而采取涸泽而渔的办法，经济可持续发展的可能性就越大；ω 越大，居民环保意识越强，长期增长率越高；γ 越大，表示给定环境标准的实际执行情况越好，可持续发展就越容易实现。由此可得命题二。

命题二：在环境标准和执行力度可变的情形下，可持续发展成为可能。并且环保意识越强、执行力度越大、越重视对人力资本的开发和利用，社会可持续发展能力就越强。

从方程（36）可以知道，在"源头治理"思路下，平衡增长路径得以成立的条件还包括 $\sigma > 1$，即消费者的跨期替代弹性小于1，从而保证 $g_E = g_p < 0$。也就是说，在该偏好约束下，理性消费者不会把环境破坏到承载阈值以下，使其难以恢复。而根据方程（19），对 σ 没有要求，从而 $g_E > 0$，污染物逐步增加，进一步证明了"末端治理"思路是一种"头痛医头、脚痛医脚"的方法，最终将不可持续。

由方程（37）可以知道，$g_{H_y} > g_c$，人力资本的增长速度大于物质资本的增长，这刚好和方程（33）可以对应起来，这是因为人力资本的增加一方面要克服物质资本收益递减的趋势，另一方面要适应环境标准不断提高的要求。而在"末端治理"的情形下，$g_{H_y} = g_c$，显然后一种目标更容易达到。

命题三："源头控制"思路的顺利实行，需要包括社会计划

者、消费者和企业的共同努力，包括逐步实施和执行更为严格的环保标准，增加人力资本投入，降低对物质的无限制的即期消费欲望等。

第四节　经验验证

一　实证模型的构建

上文分析了固定环境标准和可变环境标准两种不同情况下的经济增长公式 g_1 和 g_2，分别表示为：

$$g_1 = \frac{1}{\sigma}\left[\alpha A \left(\frac{H_Y}{K}\right)^{1-\alpha} Z_f \left(1 - \frac{Z_f^{\gamma_1}}{R'(I)}\right) - \rho - \delta \right]$$

$$g_2 = \frac{1}{\sigma}\left[\alpha A \frac{\gamma}{1+\gamma} \left(\frac{H_Y}{K}\right)^{1-\alpha} Z - \rho - \delta \right]$$

和上述表达式对应，我们可以同时构建"末端治理"和"源头控制"情形下的计量方程，如（38）式和（39）式所示：

$$\ln Y_{it} = c_1 + \alpha_1 \ln K_{it} + \alpha_2 \ln H_{it} + \alpha_3 \ln I_{it} + \alpha_4 (\ln I_{it})^2 + \sum \alpha_k X_{itk} + u_i + \varepsilon_{it} \quad (38)$$

$$\ln Y_{it} = c_2 + \beta_1 \ln K_{it} + \beta_2 \ln H_{it} + \beta_3 ER_{it} + \sum \beta_k X_{itk} + u_i + \varepsilon_{it} \quad (39)$$

其中，Y_{it} 表示 i 省 t 年的人均 GDP；K_{it} 表示 i 省 t 年的劳均物质资本；H_{it} 表示 i 省 t 年的人均人力资本；I_{it} 表示 i 省 t 年的环保投入力度；ER_{it} 表示 i 省 t 年的环境规制强度，也就是上文中提到的 I、Z 和 γ 的综合；X_{itk} 表示影响经济增长的其他控制变量，u_i 表示个体效应，ε_{it} 表示残差项。

二　数据来源

本书的数据主要来源于《中国统计年鉴》、《中国环境统计年鉴》、国家统计局网站专题数据中的环境统计数据、《新中国六十年统计资料汇编》，具体说明如下。

（一）人均 GDP

《新中国六十年统计资料汇编》提供了以不变价格计算的人均 GDP 指数，本书使用的人均 GDP 是以 2000 年为基期，根据不变价格指数计算出来的 2003～2009 年各省、市的人均 GDP。

（二）劳均物质资本

张军、吴桂英（2004：43）在《中国物质资本存量计算：1952～2000》一文中计算了中国大陆 30 个省市的 1952～2000 年各年末的物资资本存量。本书采用张军、吴桂英的做法，采用永续盘存法，计算了 2003～2009 年各省的历年数据，其中物质资本存量的基期数据选取上文中所提供的 2000 年的数据，投资额则采用各省、市历年固定资本形成总额这一指标，并用固定资产投资价格指数平减，折旧率同样采用 9.6%。需要说明的是，由于张军等把重庆和四川合为一省统计，本书的数据也与其保持一致。在各省、市历年物质资本存量数据得到以后，再根据《中国统计年鉴》，除以各省市历年劳动力人数，从而得到各省市历年劳均物质资本。

（三）人均人力资本

本书采用的是人均受教育年限的方法。参照王小鲁（2000：5），本书将小学教育毕业年限设定为 6 年，初中教育毕业年限设定为 9 年，中专和高中教育毕业年限设定为 12 年，大学及以上教育毕业年限设定为 16 年。计算出各省市历年 6 岁及 6 岁以上人口受教育年限总和后，再除以 6 岁及 6 岁以上总人口数就可得到。

（四）环保投入力度

用环境污染治理投资/GDP 的比重来表示，《中国环境统计年鉴》和国家统计局网站专题数据都提供了 2003～2009 年各省市的环境污染治理投资占 GDP 比重的数据。

（五）环境规制强度

由于环境规制强度的数据难以获得或者数据质量较差，限制了许多经验研究的开展（张成等，2011：118）。国内外学者度量环境规制强度的方法主要有以下几种：①环境规制政策（包群，彭水军，2006：51）；②治污投资占产值的比例（Gray，1987：1000；黄菁、陈霜华，2011：148）；③环境污染治理设施运行费用（张成，2010：13）；④人均收入作为环境规制强度的内生指标（Cole and Elliott，2003：367）；⑤规制机构对企业排污的检测次数（Laplante and Rilstone，1996：29）；⑥污染物排放量的变化（傅京燕、李丽莎，2010：90）；⑦几种指标的混合（张成，2011：118）。本章采用第6种方法，采取污染物排放量/单位工业增加值来衡量环境规制强度的变化，因为国家通常用这个指标作为一定时期内节能减排的考核指标，并且该指标能够对应"源头控制"情形下的治理措施，包括环保投入、环保标准及执行力度的改变。污染物有很多种，本章考虑到《中国环境统计年鉴》中有关污染物数据的完整性，选择各地区每单位工业增加值产生的工业废水排放量（Water）、工业废水中化学需氧量排放量（COD）、工业废水中氨氮排放量（NOx）、工业废气排放量（Gas）、工业二氧化硫排放量（SO_2）、工业烟尘排放量（Soot）、工业粉尘排放量（Dust）这七个指标来衡量各地区的环境标准水平，为了在降低数据"纬度"的同时尽可能保留原有数据的信息，本书采取主成分分析法来分析。

应用Stata12，第一步将上述七个指标标准化，得到无量纲数据。第二部分通过主成分分析，给各指标赋予适当的权重，现有研究一般根据前几个主成分的累积贡献率大于某一特定值（如85%）来确定主成分个数。从表5-1可以看出，第一主成分和第二主成分的累积贡献率达到了89.05%，基本上保留了原有指标的信息，因而可以用它们来代替原有的五个指标。假设第一主成分和第二主成分分别用 F_1 和 F_2 表示，则计算公式如下：

$$F_1 = 0.3524 Water + 0.3812 COD + 0.3793 NO_X + 0.3511 Gas + \qquad (40)$$
$$0.3838 SO_2 + 0.4008 Soot + 0.3942 Dust$$

$$F_2 = 0.5417 Water + 0.3927 COD + 0.3152 NO_X - 0.4888 Gas - \qquad (41)$$
$$0.3843 SO_2 - 0.2201 Soot - 0.1341 Dust$$

以每个主成分所对应的特征值占所提取的主成分的特征值之和的比例作为权重，可以得到主成分的综合指标：

$$F = \frac{\lambda_1}{\lambda_1 + \lambda_2} F_1 + \frac{\lambda_2}{\lambda_1 + \lambda_2} F_2 = 0.8654 F_1 + 0.1346 F_2 \qquad (42)$$

表 5 - 1 因子与主成分矩阵

	第一公共因子载荷值	第二公共因子载荷值	第一主成分系数	第二主成分系数
Water	0.8189	0.4949	0.3524	0.5417
COD	0.8858	0.3588	0.3812	0.3927
NO$_X$	0.8814	0.2879	0.3793	0.3152
Gas	0.8157	- 0.4466	0.3511	- 0.4888
SO$_2$	0.8918	- 0.3511	0.3838	- 0.3843
Soot	0.9313	- 0.2011	0.4008	- 0.2201
Dust	0.9158	- 0.1225	0.3942	- 0.1341
特征值(λ)	5.36771	0.834725		
方差贡献率(%)	77.13	11.92		
累积方差贡献率(%)	77.13	89.05		

（六）影响经济增长的其他控制变量

①国有企业职工人数占所有职工人数的比重。这个指标主要衡量地方政府对经济的控制能力，就业是地方政府要考虑的一个重要利益，地方政府经常要在就业和环境保护这两个目标之间权衡。②财政支出占 GDP 比重，地方政府主导和参与经济程度对地区经济增长也起着一定的作用。③开放程度。用进出口总额占 GDP 比

重来衡量，主要是讨论各地区经济发展对外贸的依存度。

由于重庆市和四川省合并为一省来统计，同时西藏自治区的数据缺失较多，因此本章使用 2003～2009 年 29 个省市的面板数据进行实证研究，表 5－2 是样本变量的描述性统计量。

表 5－2　样本变量的描述性统计量

变　　量	符号表示	单位	均值	标准差	最小值	最大值
人均 GDP	Y	元/人	20138.28	14339.18	3603	78989
劳均物质资本	K	万元/人	7.33	5.29	1.66	29.73
人均人力资本	H	人年	8.22	0.94	6.04	11.17
污染治理投资	I	亿元	242.19	209.02	25.84	1189.17
单位产出污染排放	ER	—	$-1.34e-08$	2.01	-1.87	12.15
国有企业职工人数占比	SOE	百分比	11.77	5.11	5.3	26.2
财政支出占 GDP 比重	GOV	百分比	17.2	6.71	7.68	45.02
开放程度	OPEN	百分比	36.8	42.47	4.53	187.5

三　回归结果

Hausman 检验的值都在 5% 的水平上显著，因此本章主要选择固定效应模型作回归分析。统计回归分（1）和（2）两种情况，回归（1）表示"末端治理"情形下的回归结果，回归（2）表示"源头控制"情形下的回归结果。由表 5－3 可知，劳均物质资本和人均 GDP 之间存在着显著的正相关关系，这和本章理论模型的结论是一致的，我国经济持续 30 多年的高速增长，资本深化是一个重要的因素。和王小鲁等（2009：9）的结论一致，人力资本对经济增长起着显著的正向作用，说明中国正在改变以往粗放型的经济发展方式，产业升级的过程实际上一直在持续进行，广东、江苏等发达省份提出的"腾笼换鸟"的发展战略就是这种现实趋势的体现。根据模型（1），环境污染治理投资和经济增长显著正相关，但环境污染治理投资的平方项和经济增长却显著负相关，两者之间存在着倒"U"关系，这个结论正好验证了前文的假设条件：$R'(I) > 0, R''(I) < 0$，在环境标准和执行力度不变的情况下，增加环保投入初始是有效的，但随着治污效果的递减，不得不更多地增加投入，从而消耗本用于生产的资源，陷入恶性循环（黄菁、陈霜华，2011：149）。而在模型（2）中加入环境标准及其执行力度因素之后，回归结果显示单位产值污染物排放量和经济增长之间存在显著的负向关系，这在一定程度上证明了"波特假说"的合理性，即严格的环境规制标准可以促使企业创新环境技术，减少资源消耗，降低污染排放，获得先动优势，从而全部或者至少部分弥补因提高环境规制强度而使得企业增加的那部分成本。因此，仅仅增加治污投入，继续走"先污染、后治理"的道路是行不通的，姑且不论环境污染往往是不可逆的，即使可以恢复，巨大的恢复成本往往远远超过了当时从污染中得到的收益，并且环境承受能力越接近于临界点，边际污染治理成本就越高，"末端治理"的方式最终将不堪重负。

如果再把消费者效用考虑在内，那种短视的单纯以 GDP 为导向的增长方式是得不偿失的，也是无法长期维持的。既要"金山银山"，又要"绿水青山"的唯一办法就是从源头上控制环境污染物的排放，这就需要改变现有的经济增长方式，走产业升级和新型工业化之路，而环境规制就是达成这一目标的外部动力。命令控制型环境规制工具约束企业必须达到设定的排放目标，而市场激励性环境规制工具更是为企业的节能减排提供了经济激励，随着环境标准的逐步提高和清洁技术的创新和推广，经济增长和环境保护在长期内达到"双赢"是可能的。

在其他影响经济增长的因素中，国有经济成分和经济增长之间是负相关的，刘瑞明、石磊（2010：127；2011：95）指出，国有企业的效率损失有两种，一是国企本身的效率损失，二是这种效率损失进一步带来的其他效率损失，包括预算软约束的存在、金融歧视等对民营企业造成的"增长拖累"，这就需要进一步改变所有制结构、推进国企改革、放松金融管制，这也是我国经济以后继续保持快速增长的原动力之一。财政支出占 GDP 的比重代表了地方政府对经济发展的参与程度，政府参与经济往往有两方面的作用，

表 5 - 3　影响经济增长的各因素回归结果

被解释变量 lnY	(1)			(2)		
	OLS	FE	RE	OLS	FE	RE
Cons	4.716*** (9.334)	5.528*** (10.20)	4.833*** (10.72)	5.486*** (19.75)	7.064*** (16.20)	6.108*** (18.61)
lnK	0.734*** (18.22)	0.833*** (23.17)	0.821*** (24.02)	0.793*** (25.51)	0.831*** (22.68)	0.846*** (27.38)
lnH	1.507*** (9.890)	0.833*** (3.963)	1.172*** (6.956)	1.571*** (11.00)	0.754*** (3.574)	1.206*** (7.121)
lnI	0.290** (2.225)	0.473*** (4.210)	0.470*** (4.511)	—	—	—
$(lnI)^2$	-0.0182 (-1.470)	-0.0367*** (-3.423)	-0.0360*** (-3.613)	—	—	—
ER	—	—	—	-0.0301*** (-5.014)	-0.0266*** (-4.298)	-0.0262*** (-4.658)
Soe	-0.0397*** (-16.13)	-0.0437*** (-8.706)	-0.0417*** (-13.59)	-0.0399*** (-17.42)	-0.0454*** (-9.455)	-0.0414*** (-13.46)
Gov	-0.00320* (-1.881)	0.000563 (0.209)	-0.00196 (-0.977)	-0.00303* (-1.881)	0.00585** (2.246)	0.000688 (0.342)
Open	0.000822*** (2.856)	5.58e-05 (0.0821)	0.000546 (1.338)	0.000581** (2.084)	0.000157 (0.227)	0.000758* (1.811)
R^2 (within)	—	0.9599	0.9591	—	0.9579	0.9559
R^2 (between)	—	0.9395	0.9570	—	0.9271	0.9602
R^2 (overall)	0.9578	0.9439	0.9575	0.9625	0.9293	0.9590
观测值	203	203	203	203	203	203
组数	29	29	29	29	29	29
Hausman 检验	—	17.23 (0.0278)		—	26.71 (0.0004)	

注：括号内的数字为统计系数所对应的 t 统计值；*、**、*** 分别表示显著性水平为 10%、5% 和 1%；Hausman 检验括号值代表 p 值。

一方面政府通过招商引资、基础设施建设、科教教育投资等促进经济增长；另一方面，如果地方政府大搞政绩工程、盲目扩张项目、压抑民营企业、破坏市场经济，那在长期内不仅不能促进地方经济的发展，而且还能造成资源耗竭、环境污染、增长乏力、泡沫膨胀，从而从根本上损害地方经济的可持续发展。从本书的实证结果看，模型（1）和模型（2）中财政支出占比对经济增长起正向作用，其中模型（1）中估计系数并不显著，模型（2）中的估计系数在5%的统计水平上显著，说明现阶段政府主导对于经济增长依然起着一定的正向作用，这和我国的实际情况是相符合的。但政府应该逐步完成从主导型向服务型职能的转变，私有品的供给由市场自身完成，政府只提供基础设施建设、食品安全检验、环境规制等公共品，保证企业在有序竞争、充满活力的市场中运行，从而实现地区经济又好又快地发展。进出口总额占 GDP 的比重和经济增长之间存在正向关系，但并不显著，说明出口导向型经济发展模式正面临挑战，需要作一定的调整，有必要改变当前收入分配体制，提高劳动收入占比，扩大国内居民消费水平（陆铭、蒋仕卿，2007：19）。

第五节　结论

持续了30多年的高速发展后，不断攀升的治污费用使得全社会重新审视增长和环境之间的关系。在发展经济的同时保护好自然环境正逐步成为全社会的共识，但如何进行有效的污染防治，各利益参与者存在明显的分歧。本书吸收 Lucas 内生经济增长理论思想，对 Stokey-Aghion-孙刚模型作了拓展，区分了"末端治理"和"源头控制"两种不同治理思路下的经济增长路径，并对引起经济增长的因素作了实证分析，我们发现：①环境保护问题始终是一个权衡问题，以牺牲环境质量为代价的经济发展方式固不可取，而以停止经济增长以换取优良环境的主张也不可行。在同时包含消费水平和环境质量的效用函数中，只有实现环境保护和经济增长的双重目标，无限期寿命消费者的效用才能最大化；②单纯依靠"末端治理"的治污模式不可持续，当环境污染标准及执行力度不变时，污染治理投资份额和经济增长之间存在着反向关系，在环保投入对环境质量改善的边际贡献率递减的情况下，平衡增长路径将无法实现。而在"源头控制"情形下，企业将按照严格的环境标准推广清洁技术，不断改革创新，随着人力资本的积累和清洁生产技术的运用，就可能实现平衡增长路径和经济增长、环境保护"双赢"的目标。

地方政府之所以没有实行"源头控制"的治理方式，除了认识上的分歧外，问题的症结在于在目前制度安排下，受任期制约束的政府官员和无限寿命期效用最大化的消费者在利益目标上是不一致的，两者在"短期目标"和"长期目标"上的错位使得"末端治理"思路成为必然。中央需要加大对地方官员在环境质量、民生福利、公众满意度等指标上的考核力度，确保地方政府把提供公共基础设施、提高教育科技水平、加强法律制度建设等工作放在优先地位，推动企业所有制、金融体制、分配体制的改革，最终实现经济稳定可持续发展。

第六章 环境规制、技术效率与全要素生产率增长

第一节 引言

自《联合国气候变化框架公约》（1992）和《京都议定书》（1997）签订以来，环境保护问题越来越受到世界关注，中国作为世界上最大的新兴工业化国家，在压缩式发展过程中也遇到了西方国家上百年工业化过程中分阶段出现的种种环境问题。在 2010 年世界环境绩效指数（Environmental Performance Index）排名中，中国在总共 163 个国家和地区中仅列 121 位，比 2009 年下滑了 16 位。环境污染、资源匮乏、生态破坏等问题已经严重影响到了我国可持续发展的目标，为此，中央明确提出把环保工作作为转变经济发展方式的重要手段，2011 年 1 月通过的《国家环境保护"十二五"规划》提出了具体的减排指标：2015 年和 2010 年相比，化学需氧量排放总量、氨氮排放总量、二氧化硫排放总量、氮氧化物排放总量将分别下降 8%、10%、8%、10%。要完成上述目标，必须提高环境规制强度，这在短期内往往会增加企业的生产成本（Jaffe et al.，1995：133），而当前中国依然是个发展中国家，城镇化和工业化过程远远没有结束，人民生活水平的改善和福利水平的

提高依然需要经济的快速增长。在经济增长和环境保护之间能够实现"双赢"吗，"保增长"和"促民生"一定矛盾吗？Porter et al. (1991：168；1995：98) 从动态的角度出发，指出环境规制在长期内可能会促使企业创新技术，从而至少部分抵消规制成本，并获得"先发优势"，这也得到了很多文献的证实（Mohr，2002：166；Brunnermeier and Cohen，2003：282；Murty and Kumar，2003：143；张成，2010：16）。

在分析环境规制对企业竞争力产生的影响时，可以把影响分为三类：一类是对企业出口的影响；一类是对企业选址的影响；一类是对企业生产率的影响。本章分析的主要是第三类，考察环境规制强度和地区工业企业全要素生产率（TFP）之间的相关性。对工业企业全要素生产率分析的文献有很多，国内外许多学者从企业规模（涂正革、肖耿，2005：13；2007：199）、所有制结构（Jefferson et al.，2000：795；张军等，2003）、资源禀赋（Kumar，2002：544；张军等，2009：16）等角度出发，分析工业企业的全要素生产率及产生差异的原因。但上述文献在估算全要素生产率时，仅仅考虑资本、劳动等生产要素的投入约束，没有把环境要素的约束融入生产效率的测度，结果导致对社会福利和经济绩效的评价产生了偏误（Hailu et al.，2000：253）。而要把环境因素纳入经济运行的考核体系，势必解决这样一个问题：污染物作为"坏"产出和"好"产出是不一样的，因为污染物没有价格，这也正是传统的全要素生产率测度方法（Tornqvist 指数法和 Fischer 指数法）无法解决的一个问题。Fare et al.（1994：68）采用的谢泼德距离函数基于径向 DEA 分析方法不需要价格信息，但依然没有考虑环境约束，Chambers et al.（1996：409）和 Chung et al.（1997：230）在谢泼德距离函数的基础上首次采用方向性距离函数（Directional Distance Function）方法，较好地解决了污染物等非期望产出的效率评价问题，从而得到了广泛的应用（Fare et al.，2005：479；Macpherson，2010：1919；涂正革，2008：99；涂正革、肖耿，2009：48；王兵、吴延瑞、颜鹏飞，2008：24；岳书敬、刘富华，2009：100；吴军，2009：22；陈诗一，2010a：137，2010b：28），上述文献采取的都是径向角度的 DEA 模型。

DEA 模型通常可以分为四类：径向角度模型、径向非角度模型、非径向角度模型、非径向非角度模型。径向是指投入或产出按比例缩减或放大，角度是指投入或产出角度，径向角度模型通常忽略了投入或产出的某一方面，Tone（2001：499），涂正革等（2011：56），王兵、吴延瑞、颜鹏飞（2010：97），庞瑞芝、李鹏（2011a：37；2011b：38）采用的非径向非角度（SBM）模型改进了上述缺陷，但正如涂正革（2011：56）、Tone（2010：901）所说，SBM 模型并不成熟，在松弛的经济内涵上存在理解和解释的困难，不如传统的 DEA 方法便于考察和诠释。

正是基于上述原因，本书采用径向非角度的 DEA 方法，一方面保留了方向性距离函数便于理解和解释的特点，另一方面改进了径向角度 DEA 方法仅考虑投入或产出某一方面的做法，依据省域面板数据，测量了各省环境技术效率和全要素生产率变化率，并分析了全要素生产率产生变化的原因。

另外，上述大多数文献采取的都是当期 DEA，导致的后果是会出现技术退步的情形，这和现实生活不相符合，只有王兵、王丽（2010：7），庞瑞芝等（2011：66）等少数文献使用了序列 DEA，序列 DEA 可以很好地克服这一缺点。

本书的特点主要有两个方面：一是使用了径向非角度序列 DEA 方法测算了规模报酬不变（CRS）和规模报酬可变（VRS）条件下的环境技术效率和全要素生产率变化率，并分解为技术进步、效率改变和规模效应；二是在分析影响全要素生产率变化率的各因素时，采用了动态 GMM 的方法，着重分析了环境规制强度对各省全要素生产率变化率产生的影响。

第二节　环境技术效率的测算方法

一　基准模型：径向角度 DEA 方法

工业生产除了产出一般"好"产品（Desired Products）以外，还会产出废水、废气、废弃固体等"坏"产品（Undesired Products），Fare et al.（2007：1056）构造了一个既包括"好"产出，又包括"坏"产出的生产可能性集，即环境技术（The Environmental Technology）的函数表达式：

$$P(x) = \{(y,b): x \ can \ produce \ (y,b)\}, x \in \mathrm{R}_+^N$$

集合 $P(x)$ 是指使用 N 种要素投入所生产出 M 种"好"产出和 I 种"坏"产出的所有组合。在本书中，假设所有决策单元（各省）使用 N 种要素投入 $(x_1, x_2, \cdots, x_N) \in \mathrm{R}_+^N$，生产出 M 种"好"产出 $(y_1, y_2, \cdots, y_M) \in \mathrm{R}_+^M$ 和 I 种"坏"产出 $(b_1, b_2, \cdots, b_I) \in \mathrm{R}_+^I$。则在每一个时期 $t = 1, 2, \cdots, T$，第 $k = 1, 2, \cdots, K$ 个省份的投入产出组合为 $(x^{k,t}, y^{k,t}, b^{k,t})$。

生产可能性集 $P(x)$ 满足下面四个特性：

（一）闭集和凸集；

（二）联合弱可处置性（Jointly Weak Disposability）：如果 $(y, b) \in P(x)$ 且 $0 \le \theta \le 1$，则 $(\theta y, \theta b) \in P(x)$。这表示减少"坏"产出是要付出代价的，在要素投入水平给定的情况下，要减少"坏"产出，必然占用原本生产"好"产出的那部分资源，导致好产出水平也相应地减少。

（三）零结合性（Null-joint）：如果 $(y,b) \in P(x)$，且 $b = 0$，则 $y = 0$。这说明没有任何污染的生产是不可能的，满足"坏"产出水平为零的唯一条件就是"好"产出水平也为零。

（四）投入和"好"产出的强可处置性（Strong Disposability）：如果 $(y,b) \in P(x)$ 且 $y' \leq y$ 或者 $x' \geq x$，则 $(y',b) \in P(x)$，$P(x') \supseteq P(x)$，说明投入和"好"产出的浪费在一般情况下总可能存在。

运用数据包络分析方法（DEA），可以将满足上述性质的生产可能性集合 $P(x)$ 模拟化为：

$$P^t(x^t) = \left\{ \begin{array}{l} (y^t, b^t): \sum_{k=1}^{K} z_k^t y_{km}^t \geq y_{km}^t, \forall m; \sum_{k=1}^{K} z_k^t b_{ki}^t = b_{ki}^t, \forall i; \\ \sum_{k=1}^{K} z_k^t x_{kn}^t \leq x_{kn}^t, \forall n; z_k^t \geq 0, \sum_{k=1}^{K} z_k^t = 1, \forall k \end{array} \right\} \tag{1}$$

z_k^t 表示每个横截面观测值的权重，在本书中就是各省 t 期的权重。$z_k^t \geq 0$ 表示规模报酬不变（CRS）的情形，同时满足条件 $z_k^t \geq 0$ 且 $\sum_{k=1}^{K} z_k^t = 1$ 表示规模报酬可变（VRS）。

在满足上述环境技术的假设条件下，接下来我们将讨论径向角度的方向性距离函数和环境技术效率。

首先讨论规模报酬不变（CRS）的情况，环境规制的目标是为了在保持经济增长（增加"好"产出）的同时减少环境污染（降低"坏"产出），基于这样一种思想，Chung et al.（1997：230）、Fare et al.（2005：479）根据 Luenberger（1992：463）的短缺函数（Shortage Function）思想，构建了方向性距离函数，这个函数是谢泼德距离函数的一般化，具体形式为：

$$\overrightarrow{D_0^t}(x^t, y^t, b^t; g) = \sup\{\beta : (y^t, b^t) + \beta g \in P(x^t)\} \tag{2}$$

$g = (g_y, g_b)$ 表示产出扩张的方向向量。如果向量 $g = (y, -b)$

表示同比例增加好产出而减少坏产出，β 则表示"好"产出增长、"坏"产出减少的最大可能性程度。

在上述定义下，环境技术效率（ETE）可以表示为：

$$ETE^t = \frac{1}{1 + \overrightarrow{D_0^t}(x^{t,k'}, y^{t,k'}, b^{t,k'}; y^{t,k'}, -b^{t,k'})} = \frac{1}{1+\beta} \tag{3}$$

在（3）式中，必须遵循两个假设条件：①投入水平不变；②"好"产出和"坏"产出增加或减少的最大程度一致，都等于 β。但在实际生产过程中，随着技术水平的提高和效率水平的变化，投入要素水平往往也会发生相应的改变，"好"产出和"坏"产出扩展或收缩的比例也未必一致。本书在上述基准模型的基础上，作了相应的拓展，建立了更加一般化的模型。

二 拓展模型：径向非角度 DEA 方法

我们假设 (g_x, g_y, g_b) 分别为"好"产出扩张、"坏"产出和投入压缩的方向向量，本书将方向性向量确定为 $g = (x, y, -b)$，其经济含义为要素投入、"好"产出和"坏"产出都在现有基础上比例性增加。前沿生产面和观测点相比，要素投入减少的最大可能程度是原有投入的 α 倍，"好"产出增长、"坏"产出减少的最大可能性程度分别为原有产出的 β 倍和 γ 倍，α、β、γ 三者之间不一定相等。新假设条件下的环境技术效率可以通过求下列线性规划问题得到，当期的环境技术效率（利用 t 期的技术和 t 期的投入产出值）和混合的环境技术效率（利用 $t+1$ 的技术和 t 期的投入产出值或相反）分别可以表示为（4）式和（5）式：

$$ETE^t(x^{t,k'}, y^{t,k'}, b^{t,k'}; x^{t,k'}, y^{t,k'}, -b^{t,k'}) = \min \frac{1-\alpha}{1 + \frac{w_g\beta + w_b\gamma}{w_g + w_b}} \tag{4}$$

$$s.t. \sum_{t=1}^{T}\sum_{k=1}^{K} z_k^t y_{km}^t \geq (1+\beta) y_{k'm}^t$$

$$\sum_{t=1}^{T} \sum_{k=1}^{K} z_k^t b_{ki}^t = (1 - \gamma) b_{k'i}^t$$

$$\sum_{t=1}^{T} \sum_{k=1}^{K} z_k^t x_{kn}^t \leqslant (1 - \alpha) x_{k'n}^t$$

$$z_k^t \geqslant 0, k = 1, 2, \cdots, K$$

$$ETE^{t+1}(x^{t,k'}, y^{t,k'}, b^{t,k'}; x^{t,k'}, y^{t,k'}, -b^{t,k'}) = \min \frac{1 - \alpha}{1 + \dfrac{w_g \beta + w_b \gamma}{w_g + w_b}} \qquad (5)$$

$$s.t. \sum_{t=1}^{T+1} \sum_{k=1}^{K} z_k^{t+1} y_{km}^{t+1} \geqslant (1 + \beta) y_{k'm}^t$$

$$\sum_{t=1}^{T+1} \sum_{k=1}^{K} z_k^{t+1} b_{ki}^{t+1} = (1 - \gamma) b_{k'i}^t$$

$$\sum_{t=1}^{T+1} \sum_{k=1}^{K} z_k^{t+1} x_{kn}^{t+1} \leqslant (1 - \alpha) x_{k'n}^t$$

$$z_k^{t+1} \geqslant 0, k = 0, 1, 2 \cdots, K$$

在计算混合环境技术效率的时候，很有可能会出现无解的情况，因为 $t+1$ 的投入产出值在 t 期的技术水平下未必可行，为了解决这一问题，本书采用序列 DEA 的方法，即每一年的参考技术由当期以及之前所有期的投入产出值决定，这在很大程度上避免了无解情况，环境技术效率值处在 [0, 1]，当环境技术效率值为 1 的时候，表明决策单元已经处于生产前沿面上，没有继续改善的空间。

第三节　环境全要素生产率增长率的测算方法

本书采用径向非角度 DEA 方法测算 2000 ~ 2009 年中国除西藏以外的 30 个省份的全要素生产率增长率，计算结果用 Malmquist-Luengerber 生产率指数表示。

基于环境技术效率函数，参照 Chambers et al. （1996：408）和 Chung et al. （1997：233）的方法，就可以定义 t 期到 $t+1$ 期的

Malmquist-Luengerber（ML）生产率指数，并可以把全要素生产率（TFP）分解为技术进步和效率变化，在这里不考虑对测度角度的选择，即可以同时考虑投入的减少和产出的增加，从而是个更一般化的 ML 指数：

$$ML_t^{t+1} = \left\{ \frac{ETE^t(x^{t+1}, y^{t+1}, b^{t+1}; g^{t+1})}{ETE^t(x^t, y^t, b^t; g^t)} \times \frac{ETE^{t+1}(x^{t+1}, y^{t+1}, b^{t+1}; g^{t+1})}{ETE^{t+1}(x^t, y^t, b^t; g^t)} \right\}^{\frac{1}{2}}$$

ML 指数可以分解为技术进步（$TECH$）和效率变化（$EFFCH$）：

$$ML = TECH \times EFFCH$$

$$EFFCH_t^{t+1} = \frac{ETE^{t+1}(x^{t+1}, y^{t+1}, b^{t+1}; g^{t+1})}{ETE^t(x^t, y^t, b^t; g^t)}$$

$$TECH_t^{t+1} = \left\{ \frac{ETE^t(x^t, y^t, b^t; g^t)}{ETE^{t+1}(x^t, y^t, b^t; g^t)} \times \frac{ETE^t(x^{t+1}, y^{t+1}, b^{t+1}; g^{t+1})}{ETE^{t+1}(x^{t+1}, y^{t+1}, b^{t+1}; g^{t+1})} \right\}^{\frac{1}{2}}$$

ML、$EFFCH$、$TECH$ 大于或者小于 1 分别表示全要素生产率增长（下降）、技术效率改善（恶化）、前沿技术进步（退后），每一种生产率的变化需要解四个线性规划，包括两个当期环境技术效率和两个混合环境技术效率。

根据 Fare et al.（1994）的方法，当规模报酬可变（VRS）的时候，基本做法和规模报酬不变（CRS）的情况一样，唯一的区别在于把规模效应考虑进来：

$$ML(CRS) = ML(VRS) \times SCH = EFFCH \times TECH \times SCH$$

$TECH$ 依然表示规模报酬可变（VRS）条件下的技术进步，$EFFCH$ 表示规模报酬可变（VRS）条件下的效率改变，SCH 表示规模效率的变化。

按照上述方法，本书测定了 2000～2009 年 10 年间 30 个省份的工业环境技术效率和全要素生产率指数、技术进步和效率变化值以及相应的规模效应值。

第四节　数据及描述性统计

一　数据来源

本书的数据主要来源于历年各地《国民经济和社会发展统计公报》、《中国统计年鉴》、《新中国五十五年统计资料汇编》、《新中国六十年统计资料汇编》、《中国能源统计年鉴》、《中国环境统计年鉴》、《中国经济普查年鉴2004》。根据数据的可得性，本书选择了除西藏以外的30个省份规模以上工业企业为基本研究单元，以地区工业总产值、工业二氧化硫排放量为产出指标，以固定资产净值、全部从业人员人数、工业能源消耗量[①]为投入指标，详细处理情况如下。

（一）"好"产出

本书以各地区的工业总产值为"好"产出，单位为亿元，并以各地区相应年度的"工业品出厂价格指数"折算成2000年的不变价格。

（二）"坏"产出

坏产出的选择有多种组合，Fare et al.（2005：477）和涂正革（2008：98）选择了工业二氧化硫作为"坏"产出，Kumar（2006）、陈诗一（2010a）选择二氧化碳作为"坏"产出；吴军（2009：22），王兵、吴延瑞、颜鹏飞（2008：23；2010：99），王兵、王丽（2010：7），庞瑞芝等（2011a：39；2011b：39）选择工业二氧化硫和工业废水中化学需氧量作为"坏"产出；Managi & Kaneko（2006：110），陈丹润、李静（2009：14）选择工业废水、工业废气、工业固体废

---

① 本书之所以选择能源消耗量作为投入要素，一是因为能源节约是新型工业化的目标之一，二是因为能源消耗和污染物（如二氧化硫）的排放密切相关，同时能源投入作为一种中间品，相应的"好"产出也必须选用工业总产值，而不是工业增加值表示。

物作为"坏"产出；袁晓玲等（2009：79）把工业废水、工业废气、工业烟尘、工业粉尘、工业二氧化硫、工业固体等指标通过主成分分析法降维综合成排放污染指标，然后把污染指标定义为"坏"产出。本书选择工业二氧化硫（SO_2）作为"坏"产出，主要原因为：①和其他污染物相比，二氧化硫主要是在工业生产中产生的，生活中排放的二氧化硫所占比例极小；②二氧化硫是国家"十二五规划纲要"中所列举的主要污染物之一；③二氧化硫和要素投入中的能源消费量密切相关，同时从可得性的角度来看，历年统计数据比较完整。

（三）劳动投入

衡量劳动力投入的指标最好是劳动时间，但数据无法获得，本书选择各省规模以上企业年平均从业人员人数（万人）作为劳动力投入指标[①]。

（四）资本投入

我们遵循涂正革（2009：270）的方法，选择固定资产净值年平均余额作为资本投入指标，并以历年各地区的固定资产价格指数平减为 2000 年的不变价格值。

（五）能源投入

本书选择各地区历年的工业能源消耗量作为能源投入的指标[②]。因为一方面能源消耗是个综合性指标，另一方面它和工业二氧化硫（SO_2）的排放规模密切相关。

---

①　《中国统计年鉴》中只提供 2003 年以后该指标的数据，2003 年之前的数据空白。但年鉴提供了工业增加值和全员劳动生产率这两个指标 2003 年之前的数据，因此可根据全员劳动生产率＝工业增加值/全部从业人员平均人数推出。

②　在地区能源平衡表中，能源消费包括终端消费量、加工转换消耗以及损失量三部分，本书选择工业部门终端能源消费量，包括原煤、洗精煤、其他洗煤、焦炭、原油、汽油、煤油、柴油、燃油、液化石油气、天然气、热力、电力 13 种主要能源，并按照《中国能源统计年鉴》提供的各种能源折标准煤参考系数折算成总的工业能源消费量。省略电力、热力加工转换消耗以及损失量的原因是加工转换后的能源除供工业部门使用外，主要提供给其他部门使用，或者输出给其他省份使用，而这两个部门提供给终端对象消费的能源则包括在内。

二　描述性统计

由表 6 - 1 的描述性统计指标我们可以看出，总体而言，我国的经济增长是依靠高投入、高能耗来实现高产出的。从 2000 年到 2009 年这十年，工业总产值平均以 20% 的年增长速度高速增长，相应的，资本投入、能源消耗的年增长速度也达到了 10%。从污染物排放来看，由于技术水平的上升和环境规制强度的增加，二氧化硫排放速度大大减缓，但总体上来说仍在增长。

表 6 - 1　2000 ~ 2009 年各地区投入产出增长率、能源投入份额及 SO_2 排放份额

单位：%

地区	平均增长率					能源投入份额	SO_2 排放份额
	Y	K	L	E	SO_2	E	SO_2
全国	20.84	11.8	5.28	10.08	1.84	100	100
东部	21.27	11.85	7.21	9.92	0.19	48.86	39.78
中部	19.27	11.83	2.23	9.44	3.09	27.33	26.03
西部	20.67	11.62	1.25	11.15	2.86	23.81	34.19

注：Y 表示工业总产值，K 表示资本投入，L 表示劳动投入，E 表示能源消费。东部地区：北京、天津、河北、辽宁、上海、浙江、江苏、山东、福建、广东、海南；中部地区：山西、吉林、黑龙江、安徽、江西、河南、湖南、湖北；西部地区：内蒙古、广西、重庆、四川、云南、贵州、陕西、甘肃、青海、宁夏、新疆。

从全国三大区域来看，东部地区的工业总产值增长速度最快，达到了 21.27%，而二氧化硫（SO_2）的排放年增长速度只有 0.19%，说明东部地区的协调发展做得比较好；中部地区的工业总产值年均增长速度是三大区域中最低的，只有 19.2%，而二氧化硫的排放增长速度却最快，年均达到了 3.09%，不仅远远高于东部地区，还超过了西部地区年均增长 2.86% 的速度，这可能是由东部地区污染产业的梯度转移造成的，东部地区逐步增加的环境规制强度使得污染产业首先转移到相邻且工业基础相对于西部较好的

中部地区，造成了中部地区环境的持续恶化；相对来说，西部地区的能源投入份额占全国的23.81%，而二氧化硫的排放份额却占全国的34.19%，说明西部地区依然是粗放型的增长模式，环境保护和工业发展处于失衡状态，在东、中、西部三大区域中是最不可持续发展的地区。

第五节　测算结果、分解和讨论

一　环境技术效率测算结果及解释

我们应用MAXDEA软件计算的各省环境技术效率值如表6-2所示。限于篇幅，本书只列举了规模报酬可变（CRS）条件下的环境技术效率值。我们发现从东、中、西部三大区域来看，东部省份的环境技术效率普遍较高，中部次之，西部最低，且东部远远高于西部和中部。从各省市来看，上海、广东两地的环境技术效率值始终为1，表明这两个地区始终处于生产前沿面上，代表了资源节约和环境友好的新型工业化发展方向。北京、天津、江苏、浙江的环境技术效率值在多数年份为1，表明这些地区的经济增长和环境保护比较协调，值得注意的是，北京、天津两个城市的环境技术效率值在2004~2005年发生了明显的好转，表明其坚持走内涵型发展道路的努力取得了实效；而浙江省的环境技术效率值在2005年之后却有下降的趋势，这表明浙江省的发展方式面临瓶颈，近来在蔓延全球的经济危机中大量浙江中小企业倒闭也从侧面反映了这一问题。山西、陕西、贵州、甘肃、青海、新疆的环境技术效率在大多数年份低于0.3，这些地区基本上都是能源大省，以石油、煤炭、钢铁等产业为主要依托。黑龙江、广西、宁夏等省份的环境技术效率近年来持续下降，说明东部地区的污染产业有向中西部转移的趋势。

表 6 - 2　　　2000~2009 年各省环境技术效率值

地区\年份	2000	2001	2002	2003	2004	2005	2006	2007	2008	2009
北　京	0.746	0.746	1.000	0.738	1.000	1.000	1.000	1.000	1.000	1.000
天　津	0.68	0.717	0.717	0.634	0.769	1.000	1.000	1.000	1.000	1.000
河　北	0.355	0.336	0.319	0.302	0.313	0.35	0.342	0.348	0.336	0.338
辽　宁	0.365	0.366	0.344	0.338	0.351	0.384	0.414	0.43	0.428	0.468
上　海	1.000	1.000	1.000	1.000	1.000	1.000	1.000	1.000	1.000	1.000
江　苏	0.892	1.000	1.000	1.000	0.837	1.000	0.847	0.854	0.815	1.000
浙　江	1.000	1.000	1.000	0.884	1.000	0.779	0.81	0.81	0.787	0.722
山　东	0.605	0.597	0.669	0.581	0.588	0.602	0.626	0.654	0.63	0.709
福　建	0.671	0.688	0.716	0.666	0.714	0.574	0.607	0.619	0.648	0.665
广　东	1.000	1.000	1.000	1.000	1.000	1.000	1.000	1.000	1.000	1.000
海　南	0.444	0.41	0.407	0.393	0.404	0.373	0.399	0.568	0.556	0.515
山　西	0.183	0.179	0.171	0.171	0.166	0.189	0.167	0.172	0.158	0.150
吉　林	0.392	0.404	0.404	0.367	0.364	0.336	0.337	0.400	0.399	0.463
黑龙江	0.412	0.384	0.353	0.274	0.253	0.266	0.236	0.22	0.215	0.210
安　徽	0.313	0.323	0.315	0.292	0.316	0.336	0.345	0.366	0.363	0.402
江　西	0.298	0.311	0.331	0.293	0.315	0.348	0.337	0.368	0.336	0.415
河　南	0.399	0.37	0.356	0.333	0.322	0.341	0.351	0.414	0.394	0.372
湖　北	0.413	0.409	0.388	0.255	0.249	0.271	0.279	0.298	0.331	0.343
湖　南	0.315	0.314	0.296	0.293	0.283	0.319	0.321	0.348	0.363	0.391
内蒙古	0.202	0.197	0.201	0.205	0.232	0.243	0.254	0.280	0.294	0.339
广　西	0.278	0.242	0.258	0.250	0.242	0.281	0.260	0.261	0.247	0.261
重　庆	0.271	0.299	0.301	0.331	0.362	0.371	0.367	0.388	0.37	0.407
四　川	0.279	0.273	0.289	0.264	0.273	0.346	0.342	0.377	0.39	0.413
云　南	0.333	0.323	0.305	0.263	0.315	0.295	0.294	0.289	0.278	0.279
贵　州	0.237	0.217	0.214	0.203	0.194	0.200	0.182	0.183	0.183	0.185
陕　西	0.291	0.261	0.25	0.235	0.216	0.251	0.235	0.277	0.246	0.277
甘　肃	0.274	0.275	0.264	0.206	0.194	0.237	0.205	0.224	0.208	0.219
青　海	0.254	0.220	0.212	0.168	0.196	0.197	0.190	0.194	0.201	0.196
宁　夏	0.224	0.215	0.188	0.166	0.215	0.208	0.187	0.192	0.184	0.187
新　疆	0.328	0.310	0.282	0.228	0.244	0.218	0.199	0.188	0.189	0.169
东　部	0.705	0.715	0.743	0.685	0.725	0.733	0.731	0.753	0.745	0.765
中　部	0.341	0.337	0.327	0.285	0.284	0.301	0.297	0.323	0.320	0.343
西　部	0.276	0.264	0.258	0.234	0.247	0.263	0.251	0.265	0.259	0.273
全　国	0.448	0.446	0.452	0.411	0.431	0.444	0.438	0.457	0.452	0.470

　　总体而言，用径向非角度方向性距离函数计算出来的环境技术效率值低于传统方向性距离函数计算出来的环境技术效率值，这是因为本书不仅考虑"好"产出的扩张和"坏"产出的收缩，还把投入水平的减少也考虑在内，计算结果和理论建模是相符合的。而用这种方法计算出来的全要素生产率增长速度将高于传统方法计算出来的 TFP 增长率，这在表 6 - 3 和图 6 - 1 中都可以得到直观的体现。

表 6 - 3　2000 ~ 2009 年中国各省份全要素生产率指数及其分解变量

地　区		ML(CRS)	ML(VRS)	EFFCH	TECH	SCH
东部地区	北　京	1.280	1.263	1.028	1.228	1.013
	天　津	1.235	1.189	1.037	1.146	1.039
	河　北	1.099	1.083	0.991	1.092	1.015
	辽　宁	1.135	1.124	1.014	1.108	1.009
	上　海	1.166	1.127	1.000	1.127	1.035
	江　苏	1.213	1.306	1.000	1.306	0.929
	浙　江	1.129	1.13	0.965	1.171	0.999
	山　东	1.147	1.16	1.024	1.133	0.988
	福　建	1.148	1.154	0.989	1.167	0.994
	广　东	1.148	1.142	1.000	1.142	1.005
	海　南	1.171	1.032	1.000	1.032	1.135
	东　部	1.17	1.155	1.004	1.15	1.015
中部地区	山　西	1.068	1.038	0.974	1.065	1.029
	吉　林	1.128	1.09	1.005	1.085	1.035
	黑龙江	1.022	0.998	0.93	1.073	1.024
	安　徽	1.138	1.109	1.022	1.085	1.026
	江　西	1.141	1.093	1.032	1.059	1.045
	河　南	1.092	1.073	0.99	1.084	1.018
	湖　北	1.079	1.059	0.974	1.087	1.019
	湖　南	1.11	1.09	1.021	1.068	1.018
	中　部	1.097	1.069	0.994	1.076	1.027
西部地区	内蒙古	1.164	1.111	1.041	1.067	1.048
	广　西	1.088	1.039	0.988	1.053	1.046
	重　庆	1.149	1.102	1.042	1.057	1.043
	四　川	1.146	1.117	1.038	1.076	1.026
	云　南	1.086	1.04	0.975	1.066	1.044
	贵　州	1.07	1.014	0.97	1.045	1.055
	陕　西	1.087	1.05	0.988	1.062	1.036

续表

地　区		ML(CRS)	ML(VRS)	EFFCH	TECH	SCH
西部地区	甘　肃	1.065	1.021	0.976	1.046	1.043
	青　海	1.087	0.956	0.943	1.014	1.137
	宁　夏	1.079	0.998	0.972	1.027	1.081
	新　疆	1.034	0.999	0.928	1.077	1.034
	西　部	1.096	1.041	0.987	1.054	1.054
全　国		1.123	1.09	0.995	1.095	1.032

注：各省份在样本期间的平均值是由几何平均法计算而得，东部、中部、西部地区的值是由区域内各省份的相应值算术平均而得，全国的各指标值有 30 个省份的相应值算术平均而得。

二　环境全要素生产率增长率测算值及其分解

从表 6 - 3 我们可以知道，在规模报酬不变条件下（CRS）的全要素生产率增长率普遍高于规模报酬可变条件下（VRS）的全要素生产率增长率，这是因为东部、中部、西部和全国的规模效应都大于零。从全国来看，2000～2009 年全要素生产率平均增长率为 12.3%，其中效率改变为 - 0.5%，技术进步为 9.5%，规模效应为 3.2%，表明全要素生产率的改变主要依靠技术进步。分地区来看，东部地区的全要素生产率增长率高于中部和西部地区的全要素增长率，中部地区的全要素生产率增长率高于西部地区的全要素生产率增长率。从分解因素来看，东部地区技术进步增长率最高，达到了 15%，远远高于中部地区的 7.6% 和西部地区的 5.4% 的技术进步增长率，而中部地区和西部地区的规模效应则远远高于东部地区，东部、中部、西部的规模效应分别为 1.5%、2.7% 和 5.4%。从效率改变来看，中部地区和西部地区的效率改变值都为负值，分别为 - 0.6% 和 - 1.3%，而东部地区的效率改变值为 0.4%，这说明中、西部地区在规模扩张的过程中，存在以牺牲资源和环境为代价的现象，和东部相比，其增长方式相对粗放，东部、中部、西部地区的全要素生产率变化情况如图 6 – 1 所示。

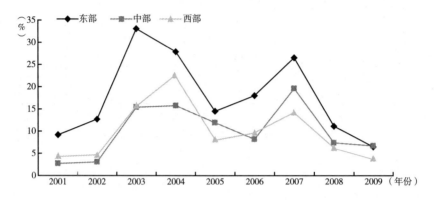

图 6 – 1　2000～2009 年东部、中部、西部全要素生产率增长率

从各个省份来看，不考虑规模效应的情况下，全要素增长率增长速度超过 10% 的地区为江苏（30.6%）、北京（26.3%）、天津（18.9%）、山东（16%）、福建（15.4%）、广东（14.2%）、浙江（13%）、上海（12.7%）、辽宁（12.4%）、四川（11.7%）、内蒙古（11.1%）、重庆（10.2%）。除四川、重庆、内蒙古外，其他都是沿海东部地区，西南三省的全要素生产率的高速增长主要得益于西部大开发战略以及重庆被列为直辖市后所带来的直接或间接效应。值得一提的是海南省，在分别考虑和不考虑规模效应两种不同情况下的全要素生产率增长速度相差很大，可以知道海南省的改变主要来源于工业企业规模的调整。全要素生产率增长速度最慢的地区为黑龙江（2.2%）、新疆（3.4%）、甘肃（6.5%）、山西（6.8%）、贵州（7%）、宁夏（7.9%）、湖北（7.9%）。主要集中在中西部地区，黑龙江省全要素生产率增长缓慢主要原因在于效率水平低下（－7%），这可能和该地区国有企业众多、历史负担较重相关。

分年份来看，2000～2004 年各地全要素生产率增长速度呈上升趋势，以后两年由于重工业化的影响，石化、钢铁等污染行业的快速发展，对我国的全要素生产率增长速度造成了一定的影响，2006 年颁布的"十一五"规划纲要明确提出了节能减排的目标，导致 2006 年、2007 年两年间各地区全要素生产率增长速度有所加快，2008 年之后的席卷全球的金融危机，不可避免地拖累了我国又好又快发展的目标，大量的工业、基建投资又降低了各地区全要素生产率的增长速度。

第六节 影响环境全要素生产率增长的因素分析

关于影响环境全要素生产率的因素，现有文献已经作了大量分析（王兵、吴延瑞、颜鹏飞，2010：105；庞瑞芝、李鹏，2011：42；涂正革、刘珂磊，2011：61），笔者的逻辑思路是考虑环境规制强度对于环境全要素生产率的影响，规制指标采用工业污染治理支出占工业增加值的比重来衡量①。由于环境全要素生产率还受到其他变量的影响，本书将引入这些控制变量，所有数据来源和变量解释在表 6 - 4 中。

表 6 - 4 环境全要素生产率及其影响因素的数据及其定义

变量性质	变量名称	变量含义	计算方法	预期符号
被解释变量	TFP	环境全要素生产率	通过径向非角度方向性距离函数计算而来	
核心解释变量	ER	环境规制强度	工业污染治理完成投资/工业增加值	+

---

① 本章之所以没有像第五章一样选择单位产出的污染物排放量作为环境规制指标，是因为环境技术效率和全要素生产率就是根据物质的投入产出计算出来的，包括污染物排放量，如果选择单位产出的污染物排放作为规制指标，就存在内生性。第二个原因是第五章主要讨论的是环境标准问题，而本章及以后各章讨论的问题也不一样。

续表

变量 性质	变量 名称	变量含义	计算方法	预期 符号
控制 变量	lnKPL	地区禀赋结构	(规模以上工业企业固定资产净值/规模以上工业企业年平均从业人员人数)的自然对数值	-
	IS	产业结构	地区工业增加值/地区 GDP	+
	EDU	环境意识、人力资本	规模以上工业企业研发经费内部支出/地区 GDP	+
	FDI	外商直接投资	实际利用外商直接投资额/地区 GDP	?
	ECS	能源消费结构	工业煤炭消费量/工业能源消费总量	-
	SOE	国有经济比重	国有及国有控股工业企业工业总产值/规模以上工业企业工业总产值	-
	MS	市场结构	大中型工业企业工业总产值/规模以上工业企业工业总产值	+

在方法选择上，因为利用方向性距离函数计算出来的全要素生产率具有一定的序列相关性（Simar and Wilson, 2007: 41），本书将选择动态 GMM 估计方法进行分析。相比差分 GMM，系统 GMM 可以提高估计效率，我们选择两阶段系统 GMM 估计法进行统计分析，并使用 OLS 和 FE 估计法作为参考。

从表 6-5 可知，系统 GMM 估计的二阶序列相关检验 [AR (2)] 显示回归结果不能拒绝一阶自回归模型随机误差项不存在序列相关的原假设，同时 Sargan 过度识别检验结果也表明所使用的工具变量是有效的。一阶滞后变量的系数为负并且显著，说明解垩 (2008: 24) 所说的追赶效应是存在的，也就是说环境全要素生产率较低的省份，由于技术扩散等原因的存在，将有更多的空间实现环境全要素生产率的进步。和王兵、吴延瑞、颜鹏飞 (2010: 105) 所得出的结论不一致的是，反映地区禀赋结构的资本劳动比例和环境全要素生产率增长率之间存在显著的负向关系，表明了资本密集型地区或者说重工业优势发展的地区往往也是污染密集型地区，环境全要素生产率增长率也比较低。产业结构对环境全要素生产率的作用是正向的，原因可能是由于当前我国依然处于工业化进程中，工业省份和农业省份相比，污染程度上升了，但地区经济发展水平上升的更快，这说明工业化对于农业省份来说依然是一条难以避开的道路，问题的关键是如何在工业化实现过程中不再重复先污染、后治理的老路，走可持续发展的新型工业化之路。环境规制强度越高，全要素生产率增长率相应也越高，说明波特假说在一定意义上得到了验证，环境规制在促使企业为降低成本而加快创新步伐的同时，也相应地减少了工业污染物的排放，这个结论和庞瑞芝等（2011a：44；2011b：46）的实证结果完全吻合。

表6-5　全要素生产率影响因素回归结果

自变量 \ 因变量	全要素生产率（TFP）					
	CRS			VRS		
	GMM	OLS	FE	GMM	OLS	FE
L_1	-0.0991 ***	0.0266	-0.161 **	-0.0802 ***	0.0726	-0.135 **
	(0.0171)	(0.0657)	(0.0679)	(0.0190)	(0.0646)	(0.0684)
lnKPL	-0.360 ***	-0.0589 **	-0.285 ***	-0.352 ***	-0.120 ***	-0.287 ***
	(0.0360)	(0.0248)	(0.0549)	(0.0262)	(0.0251)	(0.0542)
IS	0.00295 *	-0.00247 ***	-0.00264	0.00271 *	-0.00100	-0.00196
	(0.00168)	(0.000854)	(0.00183)	(0.00164)	(0.000836)	(0.00180)
ER	0.0414 ***	0.0130	0.0419 *	0.0423 **	0.00897	0.0508 **
	(0.0160)	(0.0179)	(0.0252)	(0.0176)	(0.0176)	(0.0247)
FDI	0.0163 *	0.0104 ***	0.0124	0.0120 **	0.00759 *	0.00493
	(0.00982)	(0.00392)	(0.00795)	(0.00522)	(0.00385)	(0.00786)
ECS	-0.00501 ***	-0.00106	-0.00552 ***	-0.00526 ***	-0.000775	-0.00489 ***
	(0.000576)	(0.000765)	(0.00134)	(0.000970)	(0.000752)	(0.00131)
SOE	-0.000359	-0.00143 *	-0.00470 ***	0.000984	-0.00168 **	-0.00404 ***
	(0.00154)	(0.000780)	(0.00161)	(0.00155)	(0.000759)	(0.00155)
MS	0.00458 ***	0.00206	0.00384 **	0.00552 ***	0.00224 *	0.00334 **
	(0.00102)	(0.00130)	(0.00163)	(0.00101)	(0.00127)	(0.00157)

续表

因变量\自变量	全要素生产率(TFP)					
	CRS			VRS		
	GMM	OLS	FE	GMM	OLS	FE
EDU	0.0106 *** (0.00188)	0.00335 *** (0.00100)	0.00659 (0.00409)	0.0105 *** (0.00134)	0.00355 *** (0.00101)	0.00520 (0.00401)
_cons	1.759 *** (0.205)	1.217 *** (0.134)	2.196 *** (0.271)	1.591 *** (0.258)	1.237 *** (0.139)	2.126 *** (0.269)
AR(1)	0.0001	—	—	0.0001	—	—
AR(2)	0.4462	—	—	0.1875	—	—
Sargan	0.2825	—	—	0.2693	—	—

注：（1）括号内的数字为统计系数所对应的 t 统计值；*、**、*** 分别表示显著性水平为 10%、5% 和 1%；（2）CRS 表示规模报酬不变的情况，VRS 表示规模报酬可变的情况。

外商直接投资对于环境全要素生产率增长的影响为正，说明"污染避难所"假说在我国并不成立，正如 Cole et al.（2005：541）所揭示的那样，外资企业既有污染密集型企业，也有高新技术产业，其区位选择受到多种因素的制约，环境因素只占其中的一部分。能源消费结构和环境全要素生产率增长之间存在显著的负向关系，以煤炭为主要消费能源的省份的全要素生产率增长水平普遍较低，这也告诉我们要逐步改善能源消费结构，尽量提高风能、太阳能等清洁能源的使用比例。所有制结构和环境全要素生产率增长率之间的关系在统计上并不显著，这是因为所有制结构影响环境业绩的方向和程度依赖各方面的综合作用且它们之间的差异不易预期（彭海珍、任荣明，2004：139）。市场结构对环境全要素生产率增长水平起着显著的正向作用，说明大中型工业企业和中小型企业相比，技术水平更高，环境绩效也更好。教育水平越高，环境全要素生产率水平也相应提高，这主要有两方面的因素，一是教育水平和技术水平存在正向关系，二是教育水平往往也影响到环境保护意识，总体而言，随着所受教育的增加，环保意识也会随之而加强，这个结论得到了王兵、王丽（2010：105）的研究结果的支持。

第七节　结论

由于径向角度 DEA 方法和 SBM 模型都存在不足，本书选择径向非角度序列 DEA 方法，测度了中国除西藏以外的 30 个省份在 2000～2009 年的环境技术效率值以及环境全要素生产率变化值，并对影响环境全要素生产率的相关因素作了实证分析。

我们发现，用径向非角度序列 DEA 方法计算出来的环境技术效率值低于传统的径向角度 DEA 方法计算出来的相应值，这是因为我们从投入产出两方面考虑了能源的节约和污染物排放的减少，同时延续了传统方法易于解释和理解的好处。从全国来看，东部地区的环境技术效率值基本在 0.7 以上，远远高于中部地区和西部地区，北京、天津、江苏、浙江、上海等地区位于全国的前列。

和环境技术效率相似，东部地区的环境全要素生产率也高于中部和西部地区，不同的是中西部地区的环境全要素生产率非常接近。把环境全要素生产率分解为技术进步、效率改变和规模效应三个组成部分，我们发现环境全要素生产率变化主要依赖于技术进步，且东部地区的技术进步水平发展较快，达 15%，中部、西部地区则在规模效应上有很大的受益，分别为 2.7% 和 5.4%，中部、东部、西部的效率则改变甚微。分阶段来看，2000～2004 年环境全要素生产率增长率逐年上升，之后的重工业化过程虽然带来了一定负面影响，但 2006 年后中央加大对环境污染的治理力度很快使全要素生产率增长速度加快，即使存在全球性金融危机，依然达到了一个较高的值。

在分析影响环境全要素生产率增长的各因素时，我们发现一阶滞后变量、资本劳动比例、煤炭消费比重产生的作用是负的，产业结构、市场结构、环境规制、外商直接投资、教育水平产生的作用为正，而所有制结构和环境全要素生产率增长率之间的关系在统计上不显著，在政策含义上告诉我们应该继续发展新型工业化、吸引高新技术的外商投资、加大教育力度、增强环境规制水平、适当限制污染严重的重工业、改善能源消费结构，只有这样，才能顺利完成《国家环境保护"十二五"规划纲要》提出的重要目标，才能实现产业的不断升级和我国经济的可持续发展。

第七章 波特假说、工具选择
与治污技术创新

本书的第五章和第六章分别讨论了环境规制与长期经济增长、环境规制与全要素生产率之间的关系，发现环境规制对经济的影响和人们原先的想象大相径庭。长期以来人们对环境规制的认识滞留于规制会增加企业的生产成本，从而不可避免地造成企业竞争能力的下降以及失业率的上升，最终拖累地区经济的发展，导致居民福利水平的下降。那么为什么会出现这种有悖于直观逻辑的"双赢"结果呢？第六章说明了环境规制会带来全要素生产率的增长，而全要素生产率增长的主要根源是技术进步，那么环境规制如何造成技术进步呢？什么样的环境规制工具有利于技术进步？本章主要解决这一问题。

第一节 波特假说的一般性解释

哈佛大学教授波特（1991：168）首次提出，设计良好的环境政策可以激励企业开展技术创新和使用清洁技术，提高生产效率，并取得"先动优势"，从而全部或者部分地弥补因环境规制给企业造成的成本上升，这被称为"波特假说"。"波特假说"提出后，许多文献（Mohr，2002：164；Murty and Kumar，2003：143）探讨了"波特假说"所蕴含的机理，从成本节约、信息提供、承诺保证、鼓励先进、"美誉度"收益等几个方面作出了相应的解释。

（一）节约成本

许多污染密集型企业其实也是能源消耗型企业，地球上的生物化石能源正趋于减少，而太阳能、风能等新型能源技术还不成熟，能源价格逐年大幅度攀升。环境规制促使企业使用新型技术、创新节能方法，或者把废料残渣综合利用，回收转化为有用的资源，在减少污染的同时，也相应地节约了成本。

（二）信息提供

波特认为传统主义者关于环境规制必然增加企业成本的观点是从静态的角度出发的，是在假设消费者需求、技术水平、产品生产过程、信息等因素都不变的条件下得出的结论。而现实世界是动态的，并且不是所有的企业都能够自发作出最优选择，企业适应规制的过程也是一个信息搜寻的过程，有利于企业在动态发展过程中取得竞争优势。

（三）承诺保证

环境规制在短期内肯定会对企业的生产成本带来一定的负面影响，从而影响企业的竞争力，因为害怕在和其他企业的竞争中处于不利地位，即使使用清洁技术在长期内是有利的，企业往往也会减缓或者放弃新技术的研发和投资，而环境规制减少了企业的这种担心，因为政府承诺"其他企业也必须承受相同的环境标准"。

（四）鼓励先进

政府通过排污收费、可交易排放许可等环境规制工具，改变了企业之间的竞争态势，治污技术先进的企业，可以少缴纳甚至不缴纳排污费，或者可以向排污量大的企业出售排放配额；而污染严重的企业，则需要购买排放配额或者缴纳大量的排污费用，从而使得企业的真实成本发生了变化。环境规制导致的企业成本收益的变化有利于促进企业进行技术革新和管理方法的创新。

（五）"美誉度"收益

企业通过积极参加环保工作，提高产品的清洁程度，可以增加企业在社会上的声誉以及可信度，这种美誉度实际上是一种无形资产，对于品牌的打造和产品的竞争能力都是有益的。

关于波特假说的实证研究有很多，一些研究支持其观点，另外一些研究得出了相反的结论。比如 Gray 和 Shadbegian（1995）发现：环境规制给企业带来了沉重的负担，对于减排成本较高的企业来说尤其如此，1 美元的减排成本给石油、造纸和钢铁行业造成的损失分别为1.35 美元、1.74 美元和 3.28 美元。Joshi et al.（2001：173）的实证研究显示，环境规制不仅给企业带来显性成本，还会带来隐性成本，并且隐性成本远远大于显性成本，环境规制的显性成本每增加 1 美元，就必然伴随着 9~10 美元的隐性成本，如果把隐性成本考虑在内，环境规制对经济增长有很强的拖累作用。支持波特假说的结论也有很多，Jaffe 和 Palmer（1997：614）利用美国 1973~1991 年的两位数和三位数行业分类数据，研究环境规制和研发投入之间的关系，发现两者之间具有明显的正向关系。Domazlicky 和 Weber（2004：318）采用美国 1988~1993 年的化工行业环境污染治理成本和生产率的相关数据，实证分析了环境规制和生产率之间的相互关系，发现环境规制没有导致化工行业生产率的下降，其生产率增长速度每年维持在 2.4%~6.9%。Lanjouw 和 Mody（1996：559）对美国、日本和德国的研究发现环境规制和环境专利技术之间存在显著的正相关关系，但是中间存在 1~2 年的滞后期。国内方面，黄德春、刘志彪（2006：104）运用 Robert 模型，发现环境规制确实给一些企业带来了直接费用，但通过技术创新，可以部分或者全部弥补这些成本。赵红（2008：39）采用 1996~2004 年中国 18 个两位数产业的面板数据，发现环境支出对滞后三期的研发费用和专利申请数有显著的正效应。李强、聂锐（2009：20）首次采用 1999～2007年中国的省域面板数据研究环境规制和技术创新之间的关系，发现环境规制强度每提高 1%，发明专利和实用新颖专利的数量就会相应地提高 0.17% 和 0.07%。王国印、王动（2011：106）同样采用中国 1999～2007 年中东部地区的面板数据，发现波特假说在我国的发达地区表现得比较明显，而在不发达的西部地区得不到很好的支持。

关于环境规制工具的选择问题，Tietenberg（2003：402）发现，命令控制型环境规制工具和市场激励型规制工具相比，为达到相同的环境标准，前者的成本甚至是后者的几十倍。何欢浪等（2009：165）发现企业对于不同的规制工具将作出不同的反应，环境税相对命令控制型环境规制工具来说更有利于促进企业创新。

我国还没有开征环境税，征收排污费的依据还是 2003 年 1 月国务院颁布的《排污费征收使用管理条例》，因为没有法律标准，各个地方根据实际情况酌情决定征收率，形成了事实上相差各异的排污收费率，并且普遍偏低。本章的主要贡献在于：采用何欢浪等（2009：163）的理论模型，以各地实际的排污收费率作为衡量环境规制强度的依据，考察排污收费率和技术创新之间的关系。考虑到环境规制对于不同类型的专利产生的影响各不相同，本章分别对专利申请数、发明专利申请数和外观设计专利申请数三种不同的情况分别作了经验验证。

第二节　理论模型

假设存在两个地区 S 和 N，S 地区主要采用的是命令控制型环境规制工具，而 N 地区采用的规制工具是环境税。S 和 N 都有两个产业，生产两种不同的产品（$j = 1,2$）。S 和 N 地区存在着相互竞争关系，都以市场占有量和利润为目标，产品销售到其他地区，竞争方式符合古诺模型，总的市场需求量可以表示为：

$$P_j = A_j - q_j^N - q_j^S \tag{1}$$

为了便于解释，同时不影响问题的结论，我们假设企业的成本只包括可变成本，而不包括固定成本，其边际成本用常数 c 表示，同一产业的边际成本是一样的，则企业的总成本可以表示为：

$$C_j = c_j q_j \tag{2}$$

我们首先考虑不存在环境规制的情况，则 V（V = S，N）地区生产 j 产品的企业的最优利润函数为：

$$\underset{q_j^v}{\mathrm{Max}}\pi = (p_j - c_j)q_j^v = (A_j - q_j^N - q_j^S - c_j)q_j^N \tag{3}$$

对（3）式求一阶导数，可以得到均衡产量和均衡价格：

$$q_j^* = \frac{A_j - c_j}{3} \tag{4}$$

$$P_j^* = \frac{A_j + 2c_j}{3} \tag{5}$$

因为污染物的排放量和产品的产量存在正相关关系，进一步假设两者之间是线性相关的，则污染物排放量 e_j^v 可以表示为：

$$e_j^v = \frac{q_j^v}{\alpha_j^v} \tag{6}$$

其中 q_j^v 表示 V 国 j 行业的产量，α_j^v 表示 V 国减少污染物排放的努力水平，我们假设 N 地区经济比较发达，居民对环境质量的要求更高，企业在减少污染物排放时所付出的努力更大，则 $\alpha_j^s <$ α_j^N。而在同一地区内部，即使在不同的产业之间，企业在减少污染排放时所作的努力都是一样的，即 $\alpha_1^v = \alpha_2^v$。减少污染物排放还

涉及环保技术水平问题，企业总的减少污染的成本函数可以表示为：

$$K_j^V(q_j^v, \alpha_j^v) = \gamma_j^2 q_j^v \alpha_j^v \tag{7}$$

γ_j 表示环保技术水平，我们假定不同产业的环保技术水平是不一样的，而在不同的地区之间，同一产业的环保技术水平都是一样的，我们还假设技术的扩散和转移是没有障碍的，即：

$$\gamma_j^N = \gamma_j^s = \gamma_j (j = 1,2) \tag{8}$$

因此，要降低污染物的排放有两条途径，或者减少产品的生产数量，或者提高环保技术水平。前文已经假定不同产业的环保技术水平是有差异的，因此我们设定存在产业 1 和产业 2，产业 1 的治污成本较高（HAC），产业 2 的治污成本较低（LAC），由此可得：$\gamma_1 > \gamma_2$。

因为我们要讨论的是不同的环境政策对地区竞争能力的影响，必须先设定相同的排放上限，即 $\overline{E} = \overline{E}^N = \overline{E}^S$。

接下来我们分别讨论地区 S 和地区 N 在不同环境政策下的最优决策。

一　采用命令控制型规制工具

地区 S 采用命令控制型规制工具，假设产业 1 和产业 2 平均分配最高限排数量，即：$\bar{E}^S = 2E_1^S = 2E_2^S$，则企业在给定的排放约束下，通过控制产量或者治污努力程度最大化自身的利润，利润函数可以表示为：

$$\underset{q_j^s, \alpha_j^s}{\text{Max}} \ \pi_j^s = P_j q_j^s - c_j q_j^s - K_j^s(q_j^s, \alpha_j^s) \tag{9}$$

$$s.t. \quad E_j^S = \frac{q_j^s}{\alpha_j^s} \tag{10}$$

上式可以转化为拉格朗日函数:

$$\underset{q_j^s, \alpha_j^s}{\text{Max}} L_j^s = P_j q_j^s - c_j q_j^s - \gamma_j^2 q_j^s \alpha_j^s + \lambda_j \left(E_j^s - \frac{q_j^s}{\alpha_j^s} \right) \tag{11}$$

$$F.O.C \quad A_j - 2q_j^s - q_j^N - C_j - \gamma_j^2 \alpha_j^s - \lambda_j \frac{1}{\alpha_j^s} = 0 \tag{12}$$

$$- \gamma_j^2 q_j^s + \lambda_j \frac{q_j^s}{(\alpha_j^s)^2} = 0 \tag{13}$$

由(13)式可知:

$$\alpha_j^s = \frac{\sqrt{\lambda_j}}{\gamma_j} \tag{14}$$

由(12)式和(14)式可以求得 S 地区产量的反应函数:

$$q_j^s = \frac{1}{2} \left[A_j - c_j - q_j^N - 2\gamma_j \sqrt{\lambda_j} \right] \tag{15}$$

二 采取环境税规制工具

N 地区的政府根据最高排污限额设置了有区别的环境税税率来控制环境污染水平,假设政府对高污染产业设置较高的环境税税率,对低污染产业设置较低的环境税税率,根据前面的设定 $\gamma_1 > \gamma_2$,我们可以知道 $t_1^N > t_2^N$,t_1^N 表示对产业 1 征收的环境税税率,t_2^N 表示对产业 2 征收的环境税税率,企业最大化利润的方程式可以表示为:

$$\underset{q_j^N, \alpha_j^N}{\text{Max}} \pi_j^N = P_j q_j^N - c_j q_j^N - K_j^N(q_j^N, \alpha_j^N) - t_j^N \frac{q_j^N}{\alpha_j^N} \tag{16}$$

$$F.O.C \quad A_j - 2q_j^N - q_j^s - c_j - \gamma_j^2 \alpha_j^s - t_j^N \frac{1}{\alpha_j^N} = 0 \tag{17}$$

$$- \gamma_j^2 q_j^N + t_j \frac{q_j^N}{(\alpha_j^N)^2} = 0 \tag{18}$$

由（18）式可知：

$$\alpha_j^N = \frac{\sqrt{t_j^N}}{\gamma_j} \qquad (19)$$

由（17）式和（19）式我们可以求得 N 地区产量的反应函数：

$$q_j^N = \frac{1}{2}[A_j - c_j - q_j^s - 2\gamma_j \sqrt{t_j^N}] \qquad (20)$$

根据反应函数（15）式和（20）式，我们可以得到：

$$q_j^N = \frac{A_j - c_j}{3} + \frac{2\gamma_j}{3}[\sqrt{t_j^N} - 2\sqrt{\lambda_j}] \qquad (21)$$

$$q_j^s = \frac{A_j - c_j}{3} + \frac{2\gamma_j}{3}[\sqrt{\lambda_j} - 2\sqrt{t_j^N}] \qquad (22)$$

$$P_j = \frac{A_j + 2c_j}{3} + \frac{2\gamma_j}{3}[\sqrt{\lambda_j} + \sqrt{t_j^N}] \qquad (23)$$

我们把（20）式和（21）式相加，可以得到：

$$q_j^v = q_j^s + q_j^N = \frac{2(A_j - c_j)}{3} + \frac{2\gamma_j}{3}[-\sqrt{\lambda_j} - \sqrt{t_j^N}] \qquad (24)$$

而由（4）式，可知：

$$q_j^{v*} = 2q_j^* = \frac{2(A_j - c_j)}{3} \qquad (25)$$

根据（5）式、（23）式、（24）式、（25）式，可得：

$$q_j^{v*} < q_j^v, P_j > P_j^* \qquad (26)$$

由此，得到命题 1。

命题 1：环境规制会导致总产出的下降和商品价格的上升，由于污染物的排放数量和企业的产量成线性正相关，总产出的下降将导致污染物排放量的降低。

命题 2：环境规制会扩大环保技术领先产业的市场份额，而环保技术落后的产业会受到不利的影响。

证明：由（14）式，我们可以知道：$\lambda_j = (\alpha_j^s \gamma_j)^2$；由（19）式可

知：$t_j^N = (\alpha_j^N \gamma_j)^2$。由此可推出，$q_j^v = \dfrac{2(A_j - c_j)}{3} + \dfrac{2\gamma_j}{3}(-\alpha_j^s \gamma_j - \alpha_j^N \gamma_j)$。

前面我们假定 $\alpha_1^v = \alpha_2^v$，$\gamma_1 > \gamma_2$，所以，$q_1^v < q_2^v$，$V = N, S$。

命题 3：以环境税作为规制工具的地区比实行命令控制型环境规制工具的地区占有更大的市场份额。

由 $\lambda_j = (\alpha_j^s \gamma_j)^2$，$t_j^N = (\alpha_j^N \gamma_j)^2$，并且 $\gamma_j^N = \gamma_j^S = \gamma_j$，$\alpha_j^s < \alpha_j^N$，可以求得：

$$q_j^S - q_j^N = \frac{2}{3}\left[\sqrt{\lambda_j} - \sqrt{t_j^N}\right] < 0$$

综合以上三个命题，我们可以得到第 4 个命题。

命题 4：地区 N 将比地区 S 有更强的激励创新和应用环保技术。

因为环境规制会导致商品价格的上升和产量下降，相对而言，环保技术领先的产业所受的不利影响较小，同时实行环境税的地区比单纯实行命令控制型规制工具的地区所占的份额大，为争取市场，获得更有利的地位，S 地区有更强的积极性从事环保技术的研发，波特假说从理论上来说是成立的，为了更具体地研究环境税和技术创新之间的关系，我们将进行实证分析。

第三节 经验验证

影响技术创新水平的因素有很多，李强、聂锐（2009：20）认为技术创新投入、经济发展水平和环境规制是影响技术创新成果的主要原因，王国印、王动（2011：104）认为环境规制强度、经

济发展水平、地区企业规模是影响技术创新成果的主要原因，赵红
（2008：36）采用18个两位数产业的面板数据，发现研究与开发经
费支出、环境规制强度、产业规模和产业集中度会影响技术水平的
进步，张成等（2011）则认为环境规制、经济发展水平、国际竞
争程度、企业平均规模、所有制结构等因素决定了一个国家或地区
的技术发展水平。本书参考上述文献对于变量的设置，根据本书讨
论的问题，构建了如下计量模型：

$$\ln I_{it} = c + \beta_1 ER_{it} + \beta_2 RD_{it} + \beta_3 \ln T_{it} + \beta_4 IC_{it} + \beta_5 SOE_{it} + V_i + \varepsilon_{it}$$

I 表示科技创新水平，ER 表示环境规制强度，RD 表示技术创新
经费投入，T 表示技术创新人力投入，IC 表示国际竞争程度，SOE 表
示所有制结构，V_i 表示个体效应，c 表示不随个体变化的截距，ε_{it} 表
示随机误差项。

一　数据来源及变量说明

本章选取的数据是2000～2009年我国除西藏以外的30个省份的
面板数据（西藏每年申请专利的数量很少，并且有的年份数据缺
失），观测值个数为300个。数据来自于历年的《中国统计年鉴》、
《中国环境年鉴》、《中国环境统计年鉴》、《中国科技统计年鉴》、
《新中国六十年统计资料汇编》、国家统计局网站专题数据，下面我
们分别对变量及数据作详细说明。

（一）科技创新水平

本章选择专利申请数衡量科技创新水平。专利又可以分为发
明专利、实用新颖专利和外观设计专利，为了使结果更加稳健，
同时考虑专利之间尤其是发明专利和外观设计专利之间存在较大
的差别，本章还分别对发明专利和外观设计专利单独作了回归分
析。选择专利申请数量作为衡量科技创新的指标主要出于如下考

虑：①随着我国对知识产权保护力度的加大，越来越多的机构和科技人员选择为创新成果申请专利。②专利申请数据的可得性较好。③选择申请数量而不是授权数量的原因是申请数量更能体现企业对于环境规制的直接反应程度。

（二）环境规制

和本章的理论模型相适应，本章选择排污费收入占 GDP 的比重来衡量环境规制强度，当前我国各地参考《排污费收费暂行条例》和本地实际情况来决定污染收费依据，真实税负在执行过程中千差万别。虽然排污收费占 GDP 的比重只是衡量环境规制工具的一种方法，但可以从一个侧面反映当地政府的环境规制力度。

（三）技术创新投入

科技创新需要大量的人力和物力支持，因此本章分别用各地区研发经费内部支出占 GDP 的比重和各地区研究和试验发展人员全时当量衡量科技创新投入。前者表示用于科技创新的物力支持，后者表示用于科技创新的人力支持（见表 7-1）。

表 7-1　影响科技创新水平的各因素分析

变量性质	变量名称	变量含义	计算方法	预期符号
被解释变量	$\ln I$	科技创新水平	专利申请数的对数值	
	$\ln I_1$	科技创新水平	发明专利申请数的对数值	
	$\ln I_2$	科技创新水平	外观设计专利申请数的对数值	
核心解释变量	ER	环境规制强度	地区排污费收入/地区 GDP	+
控制变量	RD	技术创新经费投入	地区研发经费内部支出/地区 GDP	+
	$\ln T$	技术创新人力投入	研究和试验发展人员全时当量的对数值	+
	IC	国际竞争程度	地区进出口总额/地区 GDP	+
	SOE	所有制结构	国有及国有控股工业企业总产值/规模以上工业企业总产值	?

（四）国际竞争程度

用地区进出口总额占地区 GDP 的比重来表示，这个指标反映了某地区和外部世界的联系，一般来说，积极参与国际分工的地区生产效率更高，更能从其他国家的技术溢出中学习到先进的技术。

（五）所有制结构

用国有及国有控股企业的工业总产值占规模以上工业企业总产值的比重来表示，关于国有企业和科技创新之间的关系，有两种观点，一种观点认为国有企业的垄断地位使得国有企业缺乏创新动力（林毅夫、李志赟，2004：19）；另外一种观点认为国有企业资金实力雄厚，投入不计成本，开展科研的条件较好，虽然效率低下，但技术进步明显（郑京海、刘小玄、Arne，2002：538）。

二　描述性统计

从表 7 - 2 的样本描述性统计我们可以发现，2000～2009 年我国各地区的科技创新水平进步很快，专利申请数量平均年增长率为8.5%，其中发明专利年平均增长率为7.08%，外观设计专利年平均增长率为7.25%。从投入上看，研发经费内部支出占 GDP 的比重平均达到了1.06%，超过了1%的水平；人力投入年平均增长率达到10.22%，超过了10%的水平，从投入和产出两方面看都有巨大进步。

表 7 - 2　样本描述性统计量

变　量	符号表示	均　值	标准差	最小值	最大值
专利申请数量	$\ln I$	8.537639	1.399026	4.820282	12.0687
发明专利	$\ln I_1$	7.08525	1.402627	3.583519	10.38118
外观设计专利	$\ln I_2$	7.251435	1.583622	3.401197	11.57522
环境规制	ER	0.06244	0.0465468	0.002	0.46
经费投入	RD	1.0691	0.9390265	0.15	5.5
人力投入	$\ln T$	10.22592	1.174928	6.700731	12.5555
国际竞争程度	IC	33.17227	39.19505	3.6	187.5
所有制结构	SOE	50.8426	20.30911	10.84	89.11

三 模型计量结果及解释

因为本章的数据是面板数据，一般用固定效应模型或者随机效应模型进行估计，Hausman 检验的 P 值都小于 0.05，因此支持固定效应模型。科技创新对环境规制的反应可能会有一定的滞后期，为了检测该滞后效应，本章分别考察了环境规制对于发明专利、外观设计专利和总的专利申请数量的即期以及滞后 1 期、2 期、3 期的影响。我们先看表 7 - 3 的回归结果：

表 7 - 3　环境规制对专利申请数量影响的固定效应模型的回归结果

自变量＼因变量	$\ln I$			
	即期	滞后 1 期	滞后 2 期	滞后 3 期
C	1.545 * (1.839)	- 1.961 * (- 1.750)	- 1.956 (- 1.621)	- 2.163 * (- 1.718)
ER	- 1.106 * (- 1.897)	- 0.0743 (- 0.132)	0.637 (1.103)	1.362 ** (2.014)
RD	0.717 *** (6.296)	0.402 *** (3.054)	0.290 ** (2.028)	0.202 (1.395)
$\ln T$	0.674 *** (8.355)	1.017 *** (9.357)	1.032 *** (8.889)	1.063 *** (9.009)
IC	0.00425 ** (2.411)	0.00417 ** (2.374)	0.00256 (1.316)	0.000803 (0.365)
SOE	- 0.0146 *** (- 5.865)	- 0.00891 *** (- 3.106)	- 0.00929 *** (- 2.872)	- 0.00882 ** (- 2.438)
Hausman 检验 (p 值)	33.09 (0.0000)	24.90 (0.0004)	17.69 (0.0071)	16.15 (0.0130)
R^2 (within)	0.7480	0.7508	0.7244	0.7350
R^2 (between)	0.8015	0.8891	0.9050	0.9093
R^2 (overall)	0.7889	0.8682	0.8853	0.8944
F 检验值	157.31	141.59	107.75	97.08
观测值	300	270	240	210
组数	30	30	30	30
备注	FE	FE	FE	FE

注：(1) 括号内为 t 统计值；(2) ***、**、* 分别表示在 1%、5% 和 10% 水平上显著；(3) 因为是年度数据，这里的滞后 1 期为 1 年。

（1）从即期来看，排污收费率对专利申请数量起负向作用，一个可能的因素是排污收费要占用当年企业的生产和研发资金，从而投入研发中的费用将减少，科技创新成果受影响。但是从长期来看，企业会对排污收费作出反应，投入更多的人力物力研发环保技术，这在滞后 2 期和滞后 3 期的回归结果中得到了很好的体现。滞后 2 期后，环境规制和专利申请数量之间开始存在正向关系，但并不显著；滞后 3 期后，环境规制将显著地促进专利申请数量的增加，这和王国印、王动（2011：106）的结论是一样的，也就是说由规制引发的创新将在 3 年之后表现出来。

（2）从即期来看，研发经费投入对科技创新起着显著的正向作用；在环境规制滞后 1 期和滞后 2 期的模型中，研发经费投入水平和专利申请数量之间依然在 1% 和 5% 的水平上显著正相关。即使在环境规制变量滞后 3 期时，两者之间关系减弱，在统计意义上不再显著，但始终没有改变正向关系，近年来，我国在科研经费上的投入力度逐年加大，这也一定程度上揭示了我国科技水平飞速进步的原因，从图 7-1 可以清楚地看到我国研发经费支出的跨越式发展。

（3）无论是即期还是存在滞后期，研发人力投入和专利申请数量之间存在着显著的正向作用，从即期来看，研发人员全时当量每增加 1%，专利申请数量就增加 0.67%。从环境规制变量滞后 1

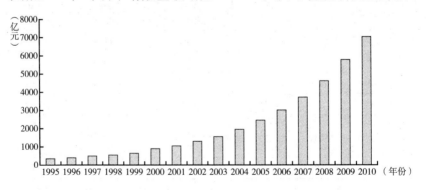

图 7-1　1995~2010 年全国研究与试验发展经费内部支出

期、2 期、3 期看，研发人员全时当量每增加 1%，专利申请数分别增加 1.01%、1.03%、1.07%，说明科研工作人员对我国的技术进步起着很大的作用。

（4）在即期和环境规制变量滞后 1 期的模型中，国际竞争程度对科技创新起着显著的正向作用，这和我们的预期是相一致的。国际竞争程度也可以称为外贸依存度或开放程度，地区开放程度越高，就越融入国际市场中，越能从交流和模仿中增强自身科技能力。在环境规制变量滞后 2 期和 3 期的模型中，这种效应虽然有所减弱，但两者的正相关关系始终存在。

（5）国有企业比重显著地拖累科技创新能力，在国有企业比重较高的地区，专利申请数量较低，这在即期以及环境规制变量滞后 1 期、2 期、3 期的回归结果中得出的结论都是一致的，正和张成（2011：120）的结论一致：国有及国有控股企业因为享受垄断的好处，和外资、"三资"及民营企业相比，科技创新动力不足，影响了其在科技水平上的进步。

（6）表 7 - 4 和表 7 - 5 分别给出了影响发明专利申请数量和外观设计专利申请数量的各因素的回归结果分析，得出的结论基本上和表 7 - 3 是一致的。有所不同的是，环境规制对发明专利的影响要经过 4 期才得以显著体现，而对外观设计的影响则只需要滞后 3 期，说明发明创造相对来说更加困难，往往需要相当长的一段周期。

表 7 - 4　环境规制对发明专利申请数量影响的固定效应模型的回归结果

自变量＼因变量	$\ln I_1$				
	即期	滞后 1 期	滞后 2 期	滞后 3 期	滞后 4 期
C	- 2. 185 **	- 5. 953 ***	- 5. 795 ***	- 4. 923 ***	- 3. 978 ***
	(- 2. 159)	(- 4. 608)	(- 4. 345)	(- 3. 668)	(- 2. 787)
ER	- 1. 544 **	- 0. 585	- 0. 131	0. 920	1. 401 *
	(- 2. 201)	(- 0. 903)	(- 0. 205)	(1. 276)	(1. 661)

续表

自变量 \ 因变量	lnI_1				
	即期	滞后 1 期	滞后 2 期	滞后 3 期	滞后 4 期
RD	0. 739 ***	0. 411 ***	0. 288 *	0. 170	0. 0814
	(5. 392)	(2. 711)	(1. 822)	(1. 103)	(0. 485)
ln$T$	0. 927 ***	1. 293 ***	1. 297 ***	1. 240 ***	1. 185 ***
	(9. 539)	(10. 33)	(10. 11)	(9. 854)	(9. 000)
IC	0. 00684 ***	0. 00714 ***	0. 00450 **	− 1. 14e − 05	− 0. 00166
	(3. 227)	(3. 527)	(2. 091)	(− 0. 00486)	(− 0. 665)
SOE	− 0. 0222 ***	− 0. 0160 ***	− 0. 0155 ***	− 0. 0160 ***	− 0. 0211 ***
	(− 7. 432)	(− 4. 848)	(− 4. 325)	(− 4. 141)	(− 4. 946)
Hausman 检验(p 值)	58. 98	59. 60	42. 67	32. 86	29. 79
	(0. 0000)	(0. 0000)	(0. 0000)	(0. 0000)	(0. 0000)
R^2 (within)	0. 7816	0. 7955	0. 7756	0. 7816	0. 7747
R^2 (between)	0. 9044	0. 9371	0. 9309	0. 9032	0. 8745
R^2 (overall)	0. 8479	0. 8835	0. 8921	0. 8827	0. 8615
F 检验值	189. 65	182. 78	141. 72	125. 28	99. 74
观测值	300	270	240	210	180
组数	30	30	30	30	30
备注	FE	FE	FE	FE	FE

注:(1) 括号内为 t 统计值;(2) *** 、 ** 、 * 分别表示在1%、5%和10%水平上显著;(3) 因为是年度数据,这里的滞后 1 期为 1 年。

表 7 − 5 环境规制对外观设计专利申请数量影响的
固定效应模型的回归结果

自变量 \ 因变量	lnI_2			
	即期	滞后 1 期	滞后 2 期	滞后 3 期
C	0. 473	− 4. 028 **	− 4. 248 **	− 6. 017 ***
	(0. 360)	(− 2. 242)	(− 2. 174)	(− 2. 889)
ER	− 1. 075	0. 201	1. 373	1. 996 *
	(− 1. 181)	(0. 224)	(1. 468)	(1. 783)
RD	0. 821 ***	0. 426 **	0. 284	0. 137
	(4. 621)	(2. 024)	(1. 228)	(0. 571)

续表

自变量 \ 因变量	$\ln I_2$			
	即期	滞后 1 期	滞后 2 期	滞后 3 期
$\ln T$	0.642***	1.075***	1.103***	1.265***
	(5.093)	(6.172)	(5.869)	(6.481)
IC	0.00590**	0.00622**	0.00530*	0.00542
	(2.146)	(2.209)	(1.680)	(1.490)
SOE	-0.0155***	-0.00740	-0.00609	-0.00101
	(-4.001)	(-1.611)	(-1.163)	(-0.169)
Hausman 检验(p 值)	28.95	26.04	21.67	20.26
	(0.0001)	(0.0002)	(0.0014)	(0.0025)
R^2(within)	0.5717	0.5610	0.5145	0.5155
R^2(between)	0.6765	0.7691	0.7916	0.8029
R^2(overall)	0.6542	0.7360	0.7578	0.7742
F 检验值	70.73	60.06	43.46	37.25
观测值	300	270	240	210
组数	30	30	30	30
备注	FE	FE	FE	FE

注：（1）括号内为 t 统计值；（2）***、**、* 分别表示在 1%、5% 和 10% 水平上显著；（3）因为是年度数据，这里的滞后 1 期为 1 年。

第四节 研究结论及政策意义

有关波特假说的争论长期以来一直存在，传统观点认为环境规制增加了企业的生产成本，抬高了企业的商品价格，影响了企业的竞争力。修正主义者则从动态的角度来看问题，他们认为从短期来看，环境规制确实使企业处于不利地位，但从长期来看，"创新补偿"和"先发优势"将部分或者全部抵消环境规制带来的成本，从而是有利的，问题的关键不在于是否需要规制，而在于选择什么样的工具使得规制成本最小化或规制收益最大化。何欢浪、岳咬兴（2009：163）的理论模型阐述了在环境标准一定的情况下，环境税比命令控制型规制工具更有利于激励企业技术创新。我国当前没有开征环境税，实际税率以排污收费占 GDP 的比重来衡量，且普遍偏低。本书以各地区实际排污费征收率作为环境规制依据，采用 2000～2009 年中国除西藏以外的 30 个省份的面板数据，分析了环境规制对于技术创新的影响。研究结果为以下几点。

（1）环境规制对于技术创新的影响在短期内是负向的，因为污染治理要占用一定的资源，影响企业的科技创新投入。但从滞后 3 期到 4 期来看，环境规制对于地区技术水平的影响是显著正相关的，这表明"创新补偿"和"先发优势"在现实生活中确实存在。因此政府应该尽快开征环境税，适当提高环境税税率，激励企业加快技术创新步伐、改变生产管理方式、积极引进吸收国外技术，实现经济发展和环境保护的"双赢"目标。

（2）因为技术创新往往需要较长的周期以及大量的资金，国家在加大环境规制力度的同时，也要做好相关配套工作。比如为从事环境友好型生产或技术研发的企业提供一定的财税政策或金融政策的支持，对于取得重大环保技术进步的个人或企业，给予一定数量的奖励，激励企业创新和采用清洁技术。

（3）科研人才在环境技术创新中占有重要的地位，要以人为本，加强科技人员队伍建设，适当提高科研人员的工资待遇，做好科研工作人员的保障工作，努力创造有利于科技人才充分发挥作用的环境，减少科技人才的后顾之忧，让他们能够全身心地投入科研工作中去。要发挥市场机制在人才资源配置中所起的作用，逐步完善人才合理流动、激励竞争和引进选拔机制，让人才到最能发挥其作用的地方和领域中去。要制定科技人才互派详细规划，鼓励他们出国深造，学成归来，发展科技。

（4）要继续加大开放力度，坚持走出去、引进来。不断加强和外部世界、特别是发达国家的交流与合作，学中干，干中学。对外国的先进技术，要坚持引进—吸收—再创新的路径，缩短研发周期，提高自身技术水平。要大力发展循环经济，发展生态工业，并加快循环经济接口技术的研发，使现有必要的污染型产业能够有效匹配。

（5）要改变现有的经济绩效考核模式，摒弃以往的 GDP 就是唯一发展指标的经济增长模式，落实科学发展观，把经济发展和环境保护同时纳入地方政府的工作考核内容。要深化经济体制改革，逐步减少国有经济的比重，加快市场化进程，改变国有企业因事实上的垄断地位而在技术创新上裹足不前的状态。

（6）要做好规制工具的设计工作，多使用规制成本较低、规制效果较好的市场激励性工具，通过科学的办法确定最优环境税率以及环境污染权初始产权的分配问题，同时逐步推出和使用最新的规制工具，如自愿协议、绿色标签等，以最小的成本取得最大的环境规制效果。

第八章 地区竞争、环境规制与
外商直接投资

第一节 问题的提出

对中国在产权缺乏保护、金融市场闭塞、地区分割严重和市场化程度不高的条件下持续了 30 多年的经济增长奇迹，周黎安作出了比较有信服力的解释：这源于国内普遍存在的"晋升锦标赛"机制（周黎安：2007：38）。它有两个基本条件，即中央政府在政治上的集权和地方政府在经济上的分权，上级政府规定的竞赛标准，通常是最容易指标化的地区经济总产值，地方官员为获得相对竞争优势而大力发展地区经济。由于国内资本的流动受到种种限制，地方政府有很强的动机采取税收优惠、土地政策、放松环境规制等一系列手段以吸引 FDI 落户本地区（张晏，2007：22）。

放松环境规制对吸引 FDI 能够产生显著的影响，Copeland 和 Taylor（1994：777）在研究南北贸易模型时提出了著名的污染避难所假说（Pollution Haven Hypothesis），其主旨是在开放条件下跨国公司为了避开国内相对严格的环境规制标准以降低生产成本，逐步将国内的"肮脏产业"向发展中国家转移，该假说得到了大量文献的实证支持（Quiroga et al., 2007；Jensen, 1996）。但也有许多相反的证据，Dean et al. （2009：9）通过对 1993～1996 年进入中国的 2886 家外资企业的调查发现，降低环境标准只对来自港、澳、台地区的企业有吸引力，而对来自 OECD 国家的外资的吸引力微乎其微。那么，这两种结论互相矛盾吗？

实际上，外商直接投资可以分为两种类型，一种是"水平型"（Horizontal FDI），一种是"垂直型"（Vertical FDI）。Markusen（1984：208）建立了一个一般均衡模型，分析了在外部市场存在壁垒的条件下，跨国公司为了降低交易成本以争夺更大的市场份额而采取的对外直接投资称为"水平型"FDI。同年，Helpman（1984：453）建立的"垂直型"FDI 模型说明了跨国公司对外投资的另外一个目的，即利用东道国低廉的生产要素，包括工资报酬较低的劳动力、税收优惠政策以及宽松的环境规制标准。

近年来，Yeaple（2003：296）、Baltagi（2005）、何兴强和王利霞（2008：139）、朱平方等（2011：137）还提出了"复合型"FDI 和"出口平台型"FDI 的概念，并使用了空间计量方法测度了"第三方"效应。但除了第四篇文献，都没有分析环境规制和 FDI 的关系。而第四篇文献解释了地区竞争会导致"逐底效应"的产生，却无法解释江苏、广东等地区"腾笼换鸟"的现象，即有计划地减少污染密集型产业的引入，这和"晋升竞标赛"理论背道而驰。

本书的主要贡献在于：（1）构建了一个中央政府、地方政府和居民的三方模型，解释了为什么"腾笼换鸟"和"承接转移"战略并不冲突；（2）建立了计量模型，对地区竞争、环境规制和外商直接投资之间的关系作了实证分析。

第二节　理论模型

本书的理论模型是由陈钊、徐彤（2011：6）的晋升锦标赛模型拓展而来，主要变化在于结合了 Aghion et al.（1998：22 - 23）的效用函数表达式，理由如下：（1）代表性居民的效用水平是收入以及环境质量的增函数，但不是简单的线性关系，随着收入水平的提高和环境质量的恶化，消费带来的边际效用逐渐递减，而环境带来的边际效用逐渐递增；（2）有利于解释地方政府从"为增长而竞争"向"为和谐而竞争"的转化过程中，不同发展阶段的地方政府出于理性考虑而各自选择的不同发展路径，说明了"腾笼换鸟"和"承接转移"并不冲突。

假设有三类参与者：中央、地方政府和代表性居民，中央政府是中性政府，即不受利益集团限制，没有自身利益（贺大兴、姚洋，2011：11），地方政府官员关心自身在职场升迁的机遇，代表性居民的效用由收入水平和环境质量两个因素共同决定，而地方官员的努力和居民收入及环境质量密切相关。假设地方政府发展经济的努力分为 e_1 和 e_2 两种类型，e_1 直接带来经济增长，e_2 则通过提供基础设施建设、良好的环境质量等公共物品 G 来促进经济增长，为了方便起见，同时也不影响问题的分析，假定 $G = e_2$，地方经济增长可以表示为：

$$Y = e_1 G + e_1 = e_1 e_2 + e_1 \tag{1}$$

在本书中，地方公共品 G 特指环境质量水平，因为良好的环境质量可以减少政府在污染治理上的支出，发展生态旅游经济等。地方政府在发展经济过程中付出的努力水平可以表示为：

$$C(e) = C(e_1 + e_2) = \frac{1}{2}b(e_1 + e_2)^2 \tag{2}$$

b 表示大于 0 的外生参数，由于地方政府掌握的资源是有限的，e_1 和 e_2 之间存在着相互替代关系，地方政府在 e_1 上多付出了努力，势必影响在环境治理上所付出的努力，因此，地方政府必须根据自身的最大化效用水平配置努力程度，如（3）式所示：

$$\text{Max} \sum_{e_1, e_2} PW + (1 - P)w - C(e_1 + e_2) \tag{3}$$

P 表示官员获得晋升的概率，W 表示官员晋升后得到的效用水平，而 w 表示官员没有获得晋升所得到的效用水平，官员晋升与否由中央根据居民效用水平来决定：

$$U^T = \frac{C^{1-\delta}}{1-\delta} + \lambda \frac{G^{1-\gamma}}{1-\gamma} \tag{4}$$

假设居民消费水平和经济增长之间是一致的，为了便于分析，我们可以作如下简化：设 $Y = C$ ，并且 $\delta = \gamma = \frac{1}{2}$ ，这样的假设对于结果没有任何影响，则（4）式就变化为：

$$U^T = 2Y^{\frac{1}{2}} + 2\lambda G^{\frac{1}{2}} \tag{5}$$

由（3）式可以知道，地方政府要实现自身利益的最大化，必须符合如下条件：

$$\frac{\partial P}{\partial e_1}(W - w) = b(e_1 + e_2) \tag{6}$$

$$\frac{\partial P}{\partial e_2}(W - w) = b(e_1 + e_2) \tag{7}$$

公式（6）和公式（7）分别表示地方政府只有在发展地方经济和治理环境时所付出的边际成本等于其从中得到的边际收益时，地方政府对努力程度 e_1 和 e_2 的配置才是成功的。

由于中央政府在考察地方官员时是以居民效用水平为出发点的，而各地居民的效用水平在不同的经济发展阶段是会改变的，正如公式（5）可以推导出：

$$\frac{\partial U^T}{\partial Y} > 0, \frac{\partial^2 U^T}{\partial Y^2} < 0, \frac{\partial U^T}{\partial G} > 0, \frac{\partial^2 U^T}{\partial G^2} < 0 \tag{8}$$

　　由（8）式可知，在经济发展水平不高、居民收入水平较低的地区，提高消费能力对居民的吸引力比较大，而通常这些地区的工业化水平较低，地方政府和居民希望通过招商引资发展地方经济，当经济增长和环境保护产生冲突的时候，甚至在一定程度上容忍环境质量的降低。而当经济发展水平上升到一定阶段时，相对富足的居民从物质享受中得到的边际效用逐步降低，而对环境质量的要求逐步提高；对于地方政府来说，一方面环境治理的成本逐渐攀升，另一方面由于"水平型"投资更看重的是投资地的市场潜力，并且有极强的集聚效应，而市场潜力以及集聚效应都和当地经济发展水平密切相关，随着经济实力的逐步增强和资金的逐步充裕，地方政府可挑选的余地也逐步增大，对环境污染严重的企业将会逐渐采取摒弃的方式，这在一定程度上验证了环境库兹涅兹曲线的存在。

　　我们假设存在两个不同发展阶段的地方政府 i 和 j，它们根据本地区的实际情况而选择努力程度 e_1 和 e_2，我们还假定自下而上的民意能够顺利地传递到中央，不存在信息的不对称或者失真，中央选拔官员的主要依据是当地居民对地方官员的评价，除此之外影响地方官员晋升的所有因素都用随机扰动项 ε 表示，ε 服从标准正态分布 $N(0,\sigma^2)$，则地方官员 i 获得晋升的概率为：

$$P = Prob(U^i + \varepsilon^i > U^j + \varepsilon^j)$$

$$= Prob\left[2(e_2^i e_1^i + e_1^i)^{\frac{1}{2}} + 2\lambda(e_2^i)^{\frac{1}{2}} + \varepsilon_i > 2(e_2^j e_1^j + e_1^j)^{\frac{1}{2}} + 2\lambda(e_2^j)^{\frac{1}{2}} + \varepsilon_j\right]$$

$$= \int_{-\infty}^{+\infty}\int_{-\infty}^{2(e_2^i e_1^i + e_1^i)^{\frac{1}{2}} + 2\lambda(e_2^i)^{\frac{1}{2}} - 2(e_2^j e_1^j + e_1^j)^{\frac{1}{2}} - 2\lambda(e_2^j)^{\frac{1}{2}} + \varepsilon_i} \frac{1}{\sqrt{2\pi\sigma^2}} e^{\frac{-(\varepsilon_i)^2}{2\sigma^2}} \frac{1}{\sqrt{2\pi\sigma^2}} e^{\frac{-(\varepsilon_i)^2}{2\sigma^2}} d\varepsilon^j d\varepsilon^i$$

$$(9)$$

　　由（9）式分别对 e_1 和 e_2 求导，同时考虑对称纳什均衡解的情况

$(e_1^i = e_1^j, e_2^i = e_2^j)$，可知：

$$\frac{\partial P}{\partial \hat{e}_1} = \int_{-\infty}^{+\infty} \frac{1}{2\pi\sigma^2} e^{\frac{-2(\varepsilon_i)^2}{2\sigma^2}} d\varepsilon^i \left[(\hat{e}_2\hat{e}_1 + \hat{e}_1)^{-\frac{1}{2}} (1 + \hat{e}_2) \right] \tag{10}$$

$$= \frac{1}{2\sqrt{\pi}} (1 + \hat{e}_2)(\hat{e}_2\hat{e}_1 + \hat{e}_1)^{-\frac{1}{2}}$$

$$\frac{\partial P}{\partial \hat{e}_2} = \int_{-\infty}^{+\infty} \frac{1}{2\pi\sigma^2} e^{\frac{-2(\varepsilon_i)^2}{2\sigma^2}} d\varepsilon^i \left[(\hat{e}_2\hat{e}_1 + \hat{e}_1)^{-\frac{1}{2}} \hat{e}_1 + \lambda(\hat{e}_2)^{-\frac{1}{2}} \right] \tag{11}$$

$$= \frac{1}{2\sqrt{\pi}\sigma} \left[\hat{e}_1(\hat{e}_2\hat{e}_1 + \hat{e}_1)^{-\frac{1}{2}} + \lambda(\hat{e}_2)^{-\frac{1}{2}} \right]$$

把（10）式和（11）式代入（6）式和（7）式，我们可以得到：

$$\frac{1}{2\sqrt{\pi}\sigma} (1 + \hat{e}_2)(\hat{e}_2\hat{e}_1 + \hat{e}_1)^{-\frac{1}{2}} (W - w) = b(\hat{e}_1 + \hat{e}_2) \tag{12}$$

$$\frac{1}{2\sqrt{\pi}\sigma} \left[\hat{e}_1(\hat{e}_2\hat{e}_1 + \hat{e}_1)^{-\frac{1}{2}} + \lambda(\hat{e}_2)^{-\frac{1}{2}} \right] (W - w) = b(\hat{e}_1 + \hat{e}_2) \tag{13}$$

由（12）式和（13）式，合并化解后，可以得到如下结论：

$$\hat{e}_1 - \hat{e}_2 = 1 - \lambda \left(\frac{\hat{e}_2\hat{e}_1 + \hat{e}_1}{\hat{e}_2} \right)^{\frac{1}{2}} \tag{14}$$

由此我们得到命题 1。

命题 1：地方政府在分配努力的时候，由于通过提供基础设施或良好环境等公共品而促进经济增长的效应是间接的，通常地方政府会偏向于直接促进经济增长的努力。

（14）式还可以变化为下列形式：

$$\hat{e}_1 - \hat{e}_2 = 1 - \lambda \frac{Y^{\frac{1}{2}}}{G^{\frac{1}{2}}} \tag{15}$$

从而可得：

$$\frac{\partial(\hat{e}_1 - \hat{e}_2)}{\partial\lambda} < 0, \frac{\partial(\hat{e}_1 - \hat{e}_2)}{\partial Y} < 0, \frac{\partial(\hat{e}_2 - \hat{e}_1)}{\partial G} > 0 \tag{16}$$

命题 2：地方政府提供两种努力 e_1 和 e_2 之间的差距和居民对于环境的偏好 λ 成反比，并且随着居民收入的提高，地方政府将越来越增加在治理环境上的努力，而减少单纯追求 GDP 的冲动。

第三节　经验证据

影响外商直接投资的因素有很多，孙俊（2002：693）认为产业结构、优惠政策、教育水平、开放水平和市场化程度是影响 FDI 的重要原因，曾贤刚（2010：68）认为市场规模、劳动力成本、市场化程度、基础设施、集聚效应和环境规制对地区吸引外资有重要影响。耿强等（2010：42）认为比较优势、优惠政策、市场化程度、经济地理因素等影响到跨国公司的区位选择决策。本书在上述文献的基础上，考虑数据的可得性，主要考察了环境规制和集聚效应对于外商直接投资的影响，同时控制了劳动力成本、教育水平、市场化程度等一系列变量。为了消除异方差，对模型作了对数化处理，构建的模型如下：

$$\ln FDI_{it} = \alpha + \beta_1 \ln FDI_{it}(-1) + \beta_2 ER_{it} + \varphi \sum X_{it} + u_i + \varepsilon_{it} \tag{17}$$

其中 $\ln FDI_{it}$ 表示 i 地区 t 年吸引的外商直接投资的对数，$\ln FDI_{it}(-1)$ 表示 i 地区 $t-1$ 年吸引的外商直接投资的对数，ER_{it} 衡量环境规制强度，$\sum X_{it}$ 表示影响地区吸引外资的其他因素的总和，接下来我们将对各变量具体说明和描述。

一　变量说明

（1）外商直接投资（FDI）：由于《中国统计年鉴》的外商直接投资用美元表示，因此需要根据当年人民币汇率平均价折算成人民币。

（2）市场规模（GDP）：用地区国内生产总值来表示，这是因为"水平型"FDI的吸引很大程度上和当地市场规模相关，市场规模越大，吸引FDI的能力就越强。

（3）劳动力成本（WAGE）：用就业人员平均工资来表示，用工成本越低，就越能吸引"垂直型"外商直接投资的流入，"水平型"外商直接投资对工资水平不是很敏感，因为较低的工资水平往往代表劳动力受教育程度较低。

（4）教育水平（EDU）：用地区高中以上人口占六岁以上人口的比重来表示，受教育程度决定了劳动力的工作效率，和FDI之间的关系估计为正相关。

（5）市场化程度（SOE）：用国有经济比重来衡量，国有比重越低，表示市场化程度越高，政府对市场的干预越少，价格信号越能正确反应市场的供求状况，参与企业的交易成本就越低，FDI就越倾向于开辟当地市场。

（6）基础设施（INFRA）：用各地区区域内公路里程数来表示，良好的基础设施可以减少运输成本，提高投资效率，基础设施越完善，对外资吸引力就越大。

（7）开放水平（OPEN）："垂直型"外商直接投资、"出口平台型"和"复合型"FDI都和投资地的开放程度相关，开放程度越高的地区，当地的经济管理水平就越接近国际标准，该地区的产品就有可能方便有效地运送到消费市场，吸引外资的能力就越强。开放水平用地区进出口总额/地区GDP来表示。

（8）集聚效应［FDI（-1）］：用滞后1期的FDI表示，"复合型"FDI理论认为，FDI具有集聚效应，外资在选择投资地时存在信息不对称，为了节约搜寻成本，往往会选择过去招商引资工作做得比较好的地区，同时，集聚能够产生规模经济和范围经济，这些结论得到了许多文献的证明（冯涛等，2008：575；曾贤刚，2010：68）。

（9）环境规制（ER）：用工业污染治理完成投资占工业增加值的比重来表示，该指标衡量了地方政府实际执行环境政策的严格程度。

表8-1　影响 FDI 的各因素的具体含义及计算方法

变量性质	变量名称	变量含义	计算方法	预期符号
被解释变量	ln*FDI*	外商直接投资	外商直接投资的对数值	
核心解释变量	ER	环境规制强度	工业污染治理完成投资/工业增加值	−
	ln*FDI*(−1)	集聚水平	滞后1期的 FDI	+
控制变量	ln*WAGE*	劳动力成本	就业人员平均工资的对数值	−
	EDU	教育水平	高中以上人口/六岁以上人口	+
	SOE	市场化程度	国有及国有控股工业企业工业总产值/规模以上工业企业工业总产值	−
	ln*INFRA*	基础设施	公路里程数的对数值	+
	OPEN	开放程度	地区进出口总额/GDP	+
	ln*GDP*	市场潜力	地区 GDP 的对数值	+

二　数据来源及描述性统计

（一）数据来源

本书选择2000~2009年共计10年除西藏以外的30个省、自治区、直辖市的面板数据进行回归分析，所有的数据均来自于历年的《中国统计年鉴》、《中国环境统计年鉴》、《中国对外经济统计年鉴》、《中国劳动统计年鉴》以及《新中国五十五年统计资料汇编》、《新中国六十年统计资料汇编》、《中国经济普查年鉴2004》，并且都以2000年为基年进行了平减。

（二）描述性统计

表 8 - 2　样本描述性统计量

变　　量	符号表示	均　　值	标准差	最大值	最小值
外商直接投资	lnFDI	13.69877	1.599874	16.67463	9.675291
环境规制强度	ER	0.6805	0.5041978	3.62	0.06
市场规模	lnGDP	8.292072	0.968256	10.37523	5.574736
劳动力成本	ln$WAGE$	9.655654	0.4208055	10.89585	8.841882
教育水平	EDU	20.10043	8.698594	53.61	6.71
市场化程度	SOE	50.8426	20.30911	89.11	10.84
基础设施	ln$INFRA$	11.02059	0.8622461	12.42588	8.372168
开放程度	OPEN	33.17227	39.19505	187.5	3.6
集聚水平	ln$FDI(-1)$	13.56971	1.613705	16.67463	8.410904

三　计量方法

对于面板数据的回归一般有两种方法，即固定效应模型和随机效应模型，当个体效应 u_i 和误差 ε_{it} 相互独立时，也就是 cov (u_i, ε_{it}) = 0 时，我们使用随机效应模型，而当个体效应和误差相关时，我们使用固定效应模型，随机效应和固定效应的选择可以通过 Hausman 检验来实现。

但是在本书中，由于集聚效应使用了外商直接投资的一阶滞后项来表示，涉及用因变量的滞后项作为解释变量的问题，不可避免地带来内生性，属于动态面板模型，为了解决这一问题，并确保动态模型中的随机干扰项不存在序列相关性，我们选择了动态 GMM 估计方法。处理动态面板一般有两种方法，一种是差分广义矩的方法（DIF-GMM），一种是系统广义矩（SYS-GMM）的方法。差分广义矩（DIF-GMM）会导致如下问题：①经过差分后，不随时间变化的变量 u_i 被消掉了，故差分 GMM 没有办法估计个体效应值的系数。②如果解释变量不严格外生，只是前定变量（Predetermined），经过差分后会使得解释变量的差分值变为内生变量。③如果 T 很大，会有很多工具变量，容易产生弱工具变量问题。④当 y_{it} 接近随机游走的时候，也会导致弱工具变量的问题。为了解决这些问题，Blundell & Bond（1998：117）提出了系统 GMM 的概念，SYS-GMM 的优点是可以提高估计的效率，但缺点是必须假定被解释变量的差分值 $\{\Delta y_{i,t-1}, \Delta y_{i,t-2}, \cdots\}$ 与 u_i 无关，其有效性需要通过过度识别检验和二阶序列相关检验来判定，不能拒绝原假设说明工具变量是有效的以及模型设定是正确的。本书选择系统 GMM（SYS-GMM）估计方法，同时为了作出对比，还使用了混合 OLS 以及固定效应 FE 估计方法，其估计结果如下。

第四节　模型计量结果及解释

表 8 - 3 给出了影响外商直接投资的各因素的回归结果，我们在这里采用的是两阶段系统广义矩方法（Two Step System GMM，以下简称系统 GMM），又称两步回归法。系统 GMM 估计的二阶序列相关检验［（AR（2）］结果显示，不能拒绝一阶自回归模型随机误差项不存在序列相关的原假设，表明模型设定是合理的。同时，Sargan 过度识别检验结果也表明所使用的工具变量是有效的，下面我们对回归结果进行解释（见表 8 - 3）。

表 8 - 3　影响 FDI 的各因素回归结果

自变量 ＼ 因变量	外商直接投资（$\ln FDI$）		
	GMM	OLS	FE
$\ln FDI(-1)$	0.887 *** (37.97)	0.884 *** (34.36)	0.576 *** (12.99)
$\ln GDP$	0.0335 (0.462)	0.0332 (0.696)	-0.460 (-1.636)
$\ln WAGE$	-0.274 *** (-4.620)	-0.0743 (-0.978)	0.703 ** (2.372)

续表

自变量\因变量	外商直接投资（lnFDI）		
	GMM	OLS	FE
EDU	0.00620 **	0.00795 *	0.00396
	(2.180)	(1.701)	(0.433)
SOE	−0.00490 ***	−0.00486 **	−0.00522
	(−3.368)	(−2.546)	(−1.530)
ln*INFRA*	0.00284 ***	0.0332	0.189 **
	(3.161)	(0.715)	(2.255)
OPEN	0.223 ***	2.08e−05	7.14e−05
	(8.042)	(0.0285)	(0.0429)
ER	−0.0757 ***	−0.102 **	0.00976
	(−6.289)	(−2.506)	(0.192)
_cons	1.666 ***	1.942 **	1.001
	(3.699)	(2.401)	(0.870)
AR(1)	0.0049	—	—
AR(2)	0.6909	—	—
Sargan	0.3664	—	—

注：（1）括号内为 t 统计值；（2）***、**、* 分别表示在 1%、5% 和 10% 水平上显著。

（1）外商直接投资有很强的集聚效应。这和我们国家的现实情况是相符的，据何兴强等（2008：137）统计，1980~2000 年我国引进的外商直接投资有 87.8% 集中在东部沿海地区，其中长三角地区、珠三角地区以及环渤海湾地区就占了我国所有引进的外商直接投资的 66.8%。2000 年以后，随着国家西部大开发战略的实施以及中西部地区竞相推出吸引外商直接投资的一系列优惠措施，这种现象已经发生了一定的变化，但是并不能从根本上改变大多数外资依然集聚在东部的事实，从《中国统计年鉴 2010》的数据可以算出，2009 年，我国东部 11 个省份吸引的外资占我国所有吸引外资的 74.6%，基本上占到了 3/4 的比例。

（2）劳动力成本和外商直接投资之间存在着显著的负相关关系，这和刘荣添、林峰（2006：27）得到的结论是一致的。从回归结果中我们可以知道，劳动力成本每上升1%，就会使得外商直接投资的引入下降0.27%，这也可以解释为什么近年来一部分外资从东部地区向西部地区转移的原因，东部地区在产业升级的过程中，必然伴随着劳动力成本的上升，而中西部地区"承接转移"的策略又加快了这一步伐。但这种转移仅仅限于"垂直型"外商直接投资，多为港、澳、台、新地区的FDI，世界最大的智能手机代工企业富士康就逐渐在内陆地区建厂，武汉、重庆、南阳、南宁等地区都建立了新的生产车间。

（3）教育水平对外商直接投资起着显著的正向作用，随着科技的发展和社会的进步，各行各业都对劳动者的能力提出了更高的要求。近年来，长江三角地区在和珠江三角地区的竞争中逐渐后来居上，甚至占据了一定的优势，就是和长三角地区集中了大量的高等院校、科研院所等因素相关，在2012年国务院发展研究中心等单位发布的《中国省域竞争力蓝皮书》中，江苏、广东、上海位居前三甲，江苏首次超过广东跃居全国竞争力首位。

（4）外商直接投资显著地受到市场化程度的影响，在国有成分较高的地区，外商直接投资受到限制，这是因为行政命令和行政干预对企业来说是很大的交易成本，尤其是对于外资来说，往往缺乏各种各样的关系，透明、竞争性的环境对外资来说是非常重要的。

（5）和耿强、孙成浩、傅坦（2010：43）的结论相一致，基础设施水平和外商直接投资存在显著的正向关系，无论是内销还是外销，其产品的价格都受到当地交通成本的影响，同时基础设施的好坏还决定了产品生产以及流通的速度，在其他条件相等的情况下，良好的基础设施有利于吸引更多的外资，"要想富、先修路"是在实践中总结的有益经验。

（6）开放程度和外商直接投资存在着显著的正相关关系，外贸依存度越高的地区，和其他地区的联系也就越多，制度建设、人才储备、工作方式也比较容易和外部世界相协调，并且"垂直型"外商直接投资本身就是以出口为目的的，实证结论和理论是相一致的。

（7）环境规制强度和外商直接投资存在着负相关关系，从静态的角度来看，严格的环境规制增加了企业的生产成本，削弱了产品在市场上的竞争力，对于需要不断向环境要素价格便宜的地区转移以保持价格优势的厂商来说，环境规制的提高将导致其重新选址，只要迁移带来的收益大于开设新的工厂所付出的固定成本，迁移就是有利可图的，对于经济发展程度较低、居民收入不高、其他条件处于劣势的省份来说，地方政府官员降低环境规制强度以吸引外资的做法是在现行体制约束下的"理性选择"。

（8）市场规模和外商直接投资之间存在着正相关关系，虽然从统计上并不显著，这里可能的原因是市场规模和集聚效应之间存在着一定的共线性。往往外资集聚效应比较强的地区，都是市场规模较大的地区。我们也对不包括 FDI 一阶滞后项的模型进行了稳健性检验，发现不考虑集聚效应后，市场规模和外商直接投资存在显著的正相关关系。

第五节　结论和政策意义

一　结论

本书主要探讨了环境规制与外商直接投资之间的关系。长期以来，人们普遍认为加强环境规制强度不利于外商直接投资的引进，地方政府官员出于自身利益考虑，通常会降低环境标准以尽可能多地吸引外资，这一结论某种意义上具有一定的普遍性和现实性。

但近年来，情况发生了一定的变化，许多发达省份不再欢迎污染密集型外资的进入，广东省率先提出"腾笼换鸟"的策略，提出不再纯粹以 GDP 作为考核官员的依据，江苏省对外资的进入设定了严格的标准，许多污染严重的企业也被要求限期整改，达不到标准的必须接受关停并转的安排。

与此相反，一些中西部地区依然在忙着承接转移，对于东部发达地区不再需要的产业，他们甘之如饴，不仅全盘接受，并且还给出相当优惠的条件，甚至以牺牲环境为代价。

那么这两种截然相反的做法互相矛盾吗？其实两种选择对于地方官员来说都是"理性"的，因为外商直接投资分为"水平型"和"垂直型"两种，东部地区主要吸收的是"水平型"FDI，因为其市场规模比较大，原有外资企业比较多，集聚效应比较明显。正如王剑、徐康宁（2005：62）所验证过的那样，为追求关联企业集聚所带来的外部经济性，FDI 偏好定位于外资企业集中的地方，而新企业的进入又提高了当地 FDI 的集聚程度，其产生的累积效应使得集聚效应不断强化。对于发达地区来说，一方面居民对环境要求比较高，对地方政府造成了一定的压力；另一方面，本身较为充裕的资本使得外资增加的边际效用没有落后地区大，并且良好的基础设施和法律环境、有利的地理优势、较高的劳动力素质等因素使得发达地区具有天然的吸引外资的优势，对外资有选择的引入是一种必然选择。

当然更为重要的是，发达地区处于产业升级的过程中，原有的生产方式带来了一系列的后果，比如资源匮乏、能源价格持续升高、环境承受能力难以为继、劳动力成本的上涨使得当地继续从事能耗高、污染重、附加值低的产业不再有利可图，加上中央也在思考如何实现生产方式的转变，鼓励发达地区先行先试，考核官员的方式也有所变化，许多发达地区选择"腾笼换鸟"的发展战略就是在这种背景下产生的。

与此相反，落后地区由于生产力水平较低，工业企业较少，有些地区的污染程度还不是那么严重，增加收入对于当地居民来说边际效用较大，对环境污染的接受程度较高。而市场化程度不高、基础设施落后、法律法治建设不完善、劳动者素质偏低、地理位置处于劣势等因素的存在使得这些地区吸收外资的能力较弱，在难以吸收到优质外资的情况下，许多地方政府官员希望承接发达地区不再需要的污染产业而在政治锦标赛中胜出。

二　政策意义

因此，要改变落后地区重复"先污染、后治理"的老路，本书的政策建议如下。

（1）改变当前的地区绩效考核方式，把节能减排纳入考核地方政府官员的目标函数内，对处于不同区位、不同发展阶段的地方政府，中央要采取不同的考核方式。一方面，对于发达地区，要鼓励其改变现有发展模式，努力实现产业升级，为落后地区的发展提供现成的样板和有用的经验。对于落后地区，要防止其重走某些发达地区"先污染、后治理"的老路，因为环境污染具有不可逆性，一旦超过自身承载阈，即使付出很大的代价也无法复原。

（2）要鼓励落后地区把吸引外资的努力放到其他方面，而不是仅仅以降低环境质量来吸引外资。要放开金融市场，降低地区之间的市场分割和地方保护主义现象，鼓励资金在各个地区之间自由流动。要对落后地区实行一定限度的补贴，特别是提供相关的环保技术和减污费用，减少当地的环境污染。要继续实行西部大开发战略，在做好环保工作的同时提高当地居民的收入水平。

（3）对于落后地区的承接转移，也不能一概否定，中西部地区劳动力价格便宜，土地矿产资源丰富、消费市场潜力巨大，要充分利用其比较优势，参与国际市场分工和国内市场分工，发展地方经济，但前提是不能采取杀鸡取卵、涸泽而渔的办法，而要实现和谐、稳定、可持续发展。

第九章　结论、政策建议及研究展望

第一节　总结论

对于发达国家来说，环境问题可能已经不是一个非常受关注的问题，因为大多数发达国家已经处于工业化后期，制造业在国内生产总值中所占的比例并不是很高，完备的法律制度和国民普遍较高的环保意识也使得环境政策能够被严格执行。而我国依然是一个发展中国家，作为"世界工厂"，制造业创造的产值占我国工业增加值的比重非常高，环境法律法规仍不完善，"公众参与"力度远远不够，政治锦标赛体制使得地方政府监管不力。正是因为存在这些原因，虽然《环境保护法》已经施行了30多年，环境状况非但没有好转，事实上一直在恶化，在有些地区甚至还有加速的趋势，以至于《环境保护法》被普遍认为是执行力度最差的一部法律。

法律可操作性差只是问题的一个侧面，更为关键的是普遍存在有法不依和执法不严现象。客观上，在我国这么一个人口大国，就业压力巨大，产业结构不合理，居民收入水平不高，人们希望改善生活的愿望十分强烈，在环境和经济增长发生冲突的时候，环境通常为增长让路。主观上，人们通常认为严格的环境规制政策必然导致企业的生产成本上升、竞争能力下降，地方官员为了追求短期政绩，不惜以牺牲环境质量为代价。

主客观两方面的因素使得我国的环境问题是一道难解的题。但是，问题不能永远拖而不决，已有的经济发展模式已经遇到了瓶颈，姑且不说自然环境一旦超过承载阈就难以恢复，就是环境污染造成的肺癌等多种疾病发病率的升高，对农业、渔业、旅游业等相关产业的损害所导致的直接经济损失等问题就十分严重。近年来，环境污染治理和环境污染损害造成的成本越来越高，超过了我国国内生产总值的 5%。如果依然遵循先前的经济增长模式，可持续发展就是一句空话。

况且，环境规制也未必造成地区竞争力的下降，遵从环境规制造成的短期负担可以全部或者部分地被技术创新、生产率提高和先动优势所弥补，但前提是设计良好的环境规制工具。这在现实生活中也可以得到佐证，越是经济发达的地区，越是实行严格的环境规制政策。近年来，广东、江苏等发达省份提出"腾笼换鸟"的发展战略，也是在这一历史背景下出现的。本书正是依据上述现象，探讨了环境规制和地区竞争力之间的关系，结论如下。

（一）"先污染、后治理"的发展方式不可持续，环保标准的不断提高才能达到长期均衡增长

环境保护问题始终是一个权衡问题，以牺牲环境质量为代价的经济发展方式固不可取，而以停止经济增长换取优良环境的主张也不可行。在同时包含消费水平和环境质量的效用函数中，只有实现环境保护和经济增长的双重目标，无限期寿命消费者的效用才能最大化。在选择污染治理路径时，仅仅增加环保投入的"末端治理"方法是不可持续的，污染治理投资份额和经济增长之间存在着反向关系，在增加污染治理投入对环境质量改善的边际贡献率递减的情况下，平衡增长路径将无法实现，"后治理"付出的代价远远超过"先污染"取得的收益。而在增加污染治理投入的同时，采取"源头控制"的方法，逐步提高环境污染标准及执行力度，企业将按照严格的环境标准推广清洁技术，不断改革创新，随着人力资本的积累和清洁生产技术的运用，就可能实现长期平衡增长路径和经济增长、环境保护"双赢"的目标。

（二）从短期来看，环境规制确实使企业处于不利地位，但从长期来看，环境规制提高了地区全要素生产率水平，其中技术进步起了关键性作用

环境规制对于技术创新的影响在短期内是负向的，因为污染治理要占用一定的资源，影响企业的科技创新投入，但从滞后 3~4 期来看，环境规制对于地区技术水平的影响是显著正相关的，因为环境规制迫使企业增加知识资本投入，创新环保技术，降低治污成本，增强产品的竞争力。分地区看，东部地区的全要素生产率的水平远远高于中部和西部地区，与此相对应的，东部地区的环境规制强度也高于中西部地区。从全要素生产率的分解来看，中西部地区的全要素生产率进步主要依靠效率改变和规模效应，而东部地区主要依靠技术进步。这从一个侧面反映了东部地区和西部地区在经济增长方式上的差异，这种差异一方面是双方在资源禀赋、发展阶段上的不同造成的，另一方面也反映了开放程度、市场化程度会影响不同地区居民、企业和政府的决策行为。

（三）环境规制对地区吸收外商直接投资的效应是负向的，但是放松规制吸收的 FDI 都是能源、污染密集型的

外商直接投资分为"水平型"和"垂直型"两种类型，"水平型"外商直接投资主要看中当地的市场潜力，而"垂直型"外商直接投资看中当地便宜的生产要素，包括劳动力成本和环境资源成

本。加强环境规制确实使得一部分"垂直型"FDI转移到其他地方，但这种转移对于发达地区来说与其说是一种损失，不如说是一种有意为之。因为发达地区人均收入水平较高，居民对环境质量的要求也相对较高，再加上长期的污染使得环境治理成本不断上升，吸收污染密集型产业对于发达地区来说无利可图。另外，向欠发达地区转移的企业主要是港澳台地区的企业，"水平型"外资并不会发生转移，市场潜力和集聚效应甚至强化这些外资的进入。中央也鼓励发达地区在改变经济发展方式、实现产业升级方面先行先试。这就造成了"腾笼换鸟"和"承接转移"两种现象的并行不悖。

（四）环境规制制度能否有效，还要依赖于良好的机制设计和法律制度及管理体系保障

政府的环境政策能否落到实处，一是依赖于法律制度及管理体系。二是依赖于机制设计。我国的环境法律法规存在的最大问题就是缺乏对政府环境责任的认定以及没有体现"民众参与"的作用。因为没有具体规定地方政府为当地环境恶化承担什么样的责任，地方官员从"理性"的角度出发放任污染主体的排污行为；因为没有"民众"的声音，对企业和政府的监督不能落到实处。从环境管理体制看，环保部门的干部任免和经费支出都来自于地方政府，没有真正的执法和裁量的自主权。

在环境规制工具的设计方面，命令控制型规制工具的缺点是实施成本较高、激励效应较差，但好处是操作简单。基于市场的环境规制工具能够有效激励企业进行技术创新，且实施成本较低，但有赖于良好的市场机制和法律保障。因此命令控制型环境规制工具和基于市场的环境规制工具是互补的，我国应在采取命令控制型规制工具的同时，加大市场激励型环境规制工具的推广力度，使两者相互补充，相得益彰。

第二节　本书的政策建议

一　转变经济增长方式，逐步提高环境标准

要改变现有的经济绩效考核模式，摒弃以往把 GDP 看做唯一发展指标的经济增长模式，落实科学发展观，把经济发展和环境保护同时纳入地方政府的工作考核内容。政府在推动经济发展过程中需要实现从"主导型"向"服务型"职能的转变，地方官员要树立全新的政绩观，把提供公共基础设施、提高教育科技水平、加强法律制度建设等工作放在优先地位，加大环境质量、民生福利、公众满意度等指标的考核力度，推动企业所有制、金融体制、分配体制的改革，最终实现经济的可持续发展。

要综合考虑环境承载能力和企业负担能力，逐步提高环境标准，加大环境规制力度。要鼓励控制生产链条上游的污染治理方案，而不是强调环境污染的末端治理，促使企业创新环境保护技术，实现技术进步和环境治理的双赢发展。

二　修订法律法规，改变环境管理体制

我国环境保护法已经运行了 30 多年，许多法律条款已经不适应当今现实，甚至出现和单行法中有关法律法规相抵触的情况。因此当务之急就是修订《中华人民共和国环境保护法》，强调对环境公共利益的保护，增加对地方政府官员环境责任的认定，细化具体实施方案，加强环境法的可操作性。要改变当前的环境保护管理体制，尽量实现环保部门的垂直化管理，防止地方政府出于经济利益动机干预环保部门的执法行为。要增加对环保部门的人力物力投入，尽早建立环境保护财政预算体制，用常规预算资金而不是专项

资金的形式实现对环境污染的治理。要彻底改变我国环保部门技术能力落后、监测网络不全的现象，加强对基层环保机构和基层网络体系的完善，实现环境监测数据的透明化。

三　加强环保宣传工作，做好规制工具的设计

要加强对环境保护的宣传工作，让大家意识到环境保护和可持续发展之间的重要关系，要重点宣传日益增加的国际环保公约和协议标准，防止企业因为外国的绿色壁垒丧失竞争的有利地位。要设计和使用规制成本较低、规制效果较好的市场激励型环境规制工具，尽快开征环境税，逐步废止当前使用的排污收费制度，增强排污收费的法律效力，要从试点排污权交易逐步走向广泛推广，充分发挥排污权交易制度的优点。最终通过科学的办法确定最优环境税税率以及解决环境污染权初始产权的分配问题，同时逐步推出和使用最新的规制工具，如自愿协议、绿色标签等，以最小的成本取得最大的环境规制效果。

四　加大对落后地区和弱势企业的扶持力度

对于处于不同区位、不同发展阶段的地方政府，中央要采取不同的考核方式。要鼓励落后地区把吸引外资的努力放到其他方面，而不是单纯以降低环境质量来吸引外资。要放开金融市场，降低地区之间的市场分割和地方保护主义现象，鼓励资金在各个地区之间的自由流动。要对落后地区实行一定限度的补贴，特别是提供相关的环保技术和减污费用，减少当地的环境污染。要继续实行西部大开发战略，在做好环保工作的同时提高当地居民的收入水平。

在某些特殊情况下，环境规制会对某些企业和群体产生严重的负面影响，引发社会问题。因此，政府需要通过一些扶助措施来使

这些矛盾降到最低程度,比如实行一定数额的补贴帮助企业更新污染设施,给倒闭企业的员工提供社会保障等。

第三节　研究不足和展望

本书的不足主要有三点。

(1)因为本书主要研究的是地区经济发展,所以没有考虑环境规制对于产品价格的影响,一般来说该项研究主要应用的是行业数据,由于研究的目的及数据掌握的问题,该项研究没有展开。

(2)环境税税率的设定问题。最优环境税税率的确定是个复杂的问题,一般用 CGE 模型估算。但即使是 CGE 模型估算出来的最优税率也经常受到质疑,需要进一步研究。

(3)空间溢出的问题。在分析环境规制和 FDI 的关系时,实际上各个省份存在相互影响的关系。一方面,在 FDI 总量给定的情况下,一省吸引的外商直接投资多,周边省份可能就吸引得少;另一方面,在存在"复合型"FDI 的条件下,相邻省份吸引的外商直接投资可能存在集聚效应,因为两者都在同一条产业链上,一省吸引的外商直接投资越多,周边省份吸引的外商直接投资也跟着增加。在处理该类问题时,通常需要使用空间计量的方法,这也有待于以后继续研究和探讨。

参考文献

中文

艾兵、刘国旗、张泳琪，2007，《ISO 14001：2004 环境管理体系建立简明教程》，中国标准出版社。

白永秀、李伟，2009，《我国环境管理体制改革的 30 年回顾》，《中国城市经济》第 1 期。

包群、彭水军，2006，《经济增长与环境污染：基于面板数据的联立方程估计》，《世界经济》第 11 期。

蔡昉、都阳、王美艳，2008，《经济发展方式的转变与节能减排内在动力》，《经济研究》第 6 期。

曾贤刚，2010，《环境规制、外商直接投资于污染避难所假说——基于中国 30 个省份面板数据的实证研究》，《经济理论与经济管理》第 11 期。

陈斌、逯元堂、吴舜泽、张治中，2006，《环保部门经费保障问题研究》，《调研报告》第 11 期。

陈丹润、李静，2009，《环境约束下的中国省区效率差异研究：1990~2006》，《财贸研究》第 1 期。

陈诗一，2009，《能源消耗、二氧化碳排放与中国工业的可持续发展》,《经济研究》第 4 期。

陈诗一,2010a,《节能减排与中国工业的双赢发展:2009～2049》,《经济研究》第 3 期。

陈诗一,2010b,《中国的绿色工业革命:基于环境全要素生产率视角的解释(1980～2008)》,《经济研究》第 11 期。

陈钊、徐彤,2011,《走向"为和谐而竞争":晋升锦标赛下的中央和地方治理模式变迁》,《世界经济》第 9 期。

代军、吴克明,2011,《湖北省实施排污权交易的障碍及对策分析》,《中国环境管理》第 1 期。

董敏杰,2011,《环境规制对中国产业竞争力的影响》,博士学位论文,中国社会科学院研究生院财政与贸易经济系。

冯涛、赵会玉、杜苗苗,2008,《外商直接投资区域聚集非均衡性的实证分析》,《经济学(季刊)》第 7 卷第 2 期。

傅京燕、李丽莎,2010,《环境规制、要素禀赋与产业国际竞争力的实证研究——基于中国制造业的面板数据》,《管理世界》第 10 期。

葛察宗、王金南、高树婷,2006,《环境税收与公共政策》,中国环境科学出版社。

耿强、孙成浩、傅坦,2010,《环境规制对 FDI 区位选择影响的是实证分析》,《南方经济》第 6 期。

郭庆,2006,《世界各国环境规制的演进与启示》,《东岳论丛》第 6 期。

国家统计局综合司,2006,《系列报告之十七:环境保护成就斐然》,http://www.stats.gov.cn/tjfx/ztfx/qzxzgcl60zn/t20090928_402590846.htm。

国家统计局,2011,《"十一五"经济社会发展成就系列报告之十四:环境保护事业取得积极进展》,http://www.stats.gov.cn/tjfx/

ztfx/sywcj/t20110310_ 402709535. htm。

何欢浪、岳咬兴，2009，《环境政策，企业竞争力与减排技术创新》，载马中、葛察忠、张世秋主编《环境经济研究进展》第一卷，中国环境科学出版社。

何兴强、王利霞，2008，《中国 FDI 区位分布的空间效应研究》，《经济研究》第 11 期。

赫伯特·西蒙，1989，《现代决策理论的基石》，北京经济学院出版社。

贺大兴、姚洋，2011，《社会平等、中性政府与中国经济增长》，《经济研究》第 1 期。

胡鞍钢、郑京海、高宇宁、张宁、许海萍，2008，《考虑环境因素的省级技术效率排名 (1990~2005)》，《经济学季刊》第 7 卷第 3 期。

黄德春、刘志彪，2006，《环境规制与企业自主创新——基于波特假设的企业竞争优势构建》，《中国工业经济》第 3 期。

黄菁、陈霜华，2011，《环境污染治理与经济增长：模型与中国的经验研究》，《南开经济研究》第 1 期。

蒋洪强、王金南、葛察忠、曹东，2009，《中国环境污染控制政策的评估与展望》，载王金南、邹首民、田仁生、张惠远主编《中国环境政策第五卷》，中国环境科学出版社。

解垩，2008，《环境规制与中国工业生产率增长》，《产业经济研究》第 1 期。

金浩波，2011，《排污许可制度助力江苏排污权交易》，《环境经济》第 10 期。

李强、聂锐，2009，《环境规制与区域技术创新——基于中国省际面板数据的实证分析》，《中南财经政法大学学报》第 4 期。

李晓绩，2009，《排污权交易制度研究》，博士学位论文，吉林大学东北亚研究院。

林伯强、蒋竺均，2009，《中国二氧化碳的环境库兹涅茨曲线预测及影响因素分析》，《管理世界》第4期。

林毅夫、李志赟，2004，《政策性负担、道德风险与预算软约束》，《经济研究》第2期。

刘磊、周大杰，2009，《公众参与环境影响评价的模式与方法探讨》，《上海环境科学》第28卷第5期。

刘荣添、林峰，2005，《我国东、中、西部外商直接投资（FDI）区位差异因素的Panel Data因素分析》，《数量经济技术经济研究》第7期。

刘瑞明、石磊，2010，《国有企业的双重效率损失与经济增长》，《经济研究》第1期。

刘瑞明、石磊，2011，《上游垄断、非对称竞争与社会福利——兼论大中型国有企业利润的性质》，《经济研究》第12期。

刘颖宇，2007，《我国环境保护经济手段的应用绩效研究》，博士学位论文，中国海洋大学。

陆铭、蒋仕卿，2007，《重构"铁三角"：中国的劳动力市场改革、收入分配和经济增长》，《管理世界》第6期。

逯元堂、苏明、吴舜泽、王金南、朱建华，2009，《加快构建环境保护财政制度体系》，《财政研究》第3期。

马克思、恩格斯，1995，《马克思恩格斯选集（第三卷）》，人民出版社。

马丽、李惠民、齐晔，2011，《节能的目标责任制与自愿协议》，《中国人口·资源与环境》第21卷第6期。

马士国，2007，《环境规制机制的设计与实施效应》，博士学位论文，复旦大学中国社会主义市场经济研究中心。

马士国，2008，《基于效率的环境产权分配》，经济学（季刊）

第 7 卷第 2 期。

庞瑞芝、李鹏，2011a，《中国工业增长模式转型绩效研究——基于 1998～2009 年省际工业企业数据的实证考察》，《数量经济技术经济研究》第 9 期。

庞瑞芝、李鹏，2011b，《中国新型工业化增长绩效区域差异及动态演进》，《经济研究》，第 11 期。

庞瑞芝、李鹏、路永刚，2011，《转型期间我国新型工业化增长绩效及其影响因素研究》，《中国工业经济》第 4 期。

彭海珍、任荣明，2004，《所有制结构与环境业绩》，《中国管理科学》第 3 期。

彭水军、包群，2006，《环境污染、内生增长与经济可持续发展》，《数量经济技术经济研究》第 9 期。

秦大河、张坤民、牛文元，2002，《中国人口资源环境与可持续发展》，新华出版社。

舒旻，2009，《中国环境立法的审视与检讨》，《中国地质大学学报》第 9 卷第 5 期。

孙鳌，2009，《治理环境外部性的政策工具》，《云南社会科学》第 5 期。

孙刚，2004，《污染、环境保护和可持续发展》，《世界经济文汇》第 5 期。

孙俊，2002，《中国 FDI 地点选择的因素分析》，《经济学（季刊）》第 1 卷第 3 期。

孙启宏、毛玉如、李艳萍、沈鹏、乔琦，《2009 中国循环经济的政策体系框架研究》，载中国环境科学学学会环境经济学分会主编《环境经济研究进展（第一卷）》，中国环境科学出版社。

谭野，2008，《河南排污权四年零交易》，《决策》第 1 期。

童宛书、黄裕侃，1983，《环境经济问题》，中国人民大学出版社。

涂正革，2008，《环境、资源与工业增长的协调性》，《经济研究》第 2 期。

涂正革，2009，《工业二氧化硫排放的影子价格：一个新的分析框架》，《经济学（季刊）》第 9 卷第 1 期。

涂正革、刘磊珂，2011，《考虑能源、环境因素的中国工业效率评价——基于 SBM 模型的省级数据分析》，《经济评论》第 2 期。

涂正革、肖耿，2005，《中国的工业生产力革命——用随机前沿生产模型对中国大中型工业企业全要素生产率增长的分解及分析》，《经济研究》第 3 期。

涂正革、肖耿，2007，《非参数成本前沿模型与中国工业增长模式研究》，《经济学（季刊）》第 7 卷第 1 期。

涂正革、肖耿，2009，《环境约束下的中国工业增长模式研究》，《世界经济》第 11 期。

王兵、王丽，2010，《环境约束下中国区域工业技术效率与生产率及其影响因素实证研究》，《南方经济》第 11 期。

王兵、吴延瑞、颜鹏飞，2008，《环境管制和全要素生产率增长：APEC 的实证研究》，《经济研究》第 5 期。

王兵、吴延瑞、颜鹏飞，2010，《中国区域环境效率与环境全要素生产率增长》，《经济研究》第 5 期。

王兵、颜鹏飞，2007，《技术效率、技术进步与东亚经济增长——基于 APEC 视角的实证分析》，《经济研究》第 5 期。

王国印、王动，2011，《波特假说、环境规制与企业技术创新——对中东部地区的比较分析》，《中国软科学》第 1 期。

王剑、徐康宁，2005，《FDI 区位选择、产业聚集于产业异质——以江苏为例的研究》，《经济科学》第 4 期。

王俊豪、李云雁，2009，《民营企业应对环境管制的战略导向与创新行为——基于浙江纺织行业调查的实证分析》，《中国工业经济》第9期。

王萌，2009，《我国排污费制度的局限性及其改革研究》，《税务研究》第7期。

王小鲁、樊纲、刘鹏，2009，《中国经济增长方式转变和增长可持续性》，《经济研究》第1期。

王小鲁、孙文杰，2000，《中国经济增长的可持续性与制度变革》，《经济研究》第7期。

王玉庆，2002，《环境经济学》，中国环境科学出版社。

魏光明，2010，《我国环境税收问题研究》，博士学位论文，中国海洋大学。

吴彩斌、雷恒毅、宁平，2005，《环境学概论》，中国环境科学出版社。

吴军，2009，《环境约束下中国地区工业全要素生产率增长及收敛分析》，《数量经济技术经济研究》第11期。

吴舜泽、陈斌、逯元堂、王金南、张治忠，2007a，《中国环境保护投资失真问题分析与建议》，《中国人口·资源与环境》第17卷第3期。

吴舜泽、陈斌、逯元堂、王金南、张治忠，2007b，《"十五"期间中国环境保护投资分析》，载王金南、邹首民、吴舜泽、蒋洪强主编《中国环境政策（第四卷）》，中国环境科学出版社。

吴志春、杜雨祥、赵关良，2001，《排污权交易市场将步入广阔空间——上海排污权交易累计逾千万》，《中国环境报》8月13日，第3版。

许广月、宋德勇，2010，《中国碳排放环境库兹涅兹曲线的实证研究——基于省域面板数据》，《中国工业经济》第5期。

徐南，2009，《环保 NGO 的中国生命史》，《南方周末》9 月 30 日，http：//www. infzm. com/content/35571。

袁晓玲、张宝山、杨万平，2009，《基于环境污染的中国全要素能源效率研究》，《中国工业经济》第 2 期。

岳德亮，2011，《浙江省已有 4000 多家企业实行排污权有偿使用》，新华网，http：//news. xinhuanet. com/energy/2011 − 09/29/c_ 122107426. htm。

岳书敬、刘富华，2009，《环境约束下的经济增长效率及其影响因素》，《数量经济技术经济研究》第 5 期。

臧传琴，2009，《环境规制工具的比较与选择——基于对税费规制与可交易许可证规制的分析》，《云南社会科学》第 6 期。

张成、陆旸、郭路、于同申，2011，《环境规制强度和生产技术进步》，《经济研究》第 2 期。

张成、于同申、郭路，2010，《环境规制影响了中国的工业生产率吗？——基于 DEA 与协整分析的实证检验》，《经济理论与经济管理》第 3 期。

张红凤、周峰、杨慧、郭庆，2009，《环境保护与经济发展双赢的规制绩效实证分析》，《经济研究》第 3 期。

张景玲，2007，《我国排污权交易实施和研究进展》，《兰州大学学报》第 35 卷第 5 期。

张军、陈诗一、G. H. Jefferson，2009，《结构改革与中国工业增长》，《经济研究》第 7 期。

张军、施少华，2003，《中国经济全要素生产率变动：1952 ~ 1998》，《世界经济文汇》第 2 期。

张军、施少华、陈诗一，2003，《中国的工业改革与效率变化——方法、数据、文献和现有的结果》，《经济学（季刊）》第 3 卷第 4 期。

张军、吴桂英、张吉鹏，2004，《中国省际物质资本存量估算：1952～2000》，《经济研究》第 10 期。

章轲，2010，《我国环境监测能力落后，国家将完善环境监测网》，凤凰网，http：//gongyi. ifeng. com/news/detail_ 2010_ 06/10/1606256_ 0. shtml。

张晏，2007，《财政分权、FDI 竞争与地方政府行为》，《世界经济文汇》第 2 期。

赵红，2008，《环境规制对产业技术创新的影响——基于中国面板数据的实证分析》，《产业经济研究》第 3 期。

赵玉民、朱方明、贺立龙，2009，《环境规制的界定、分类与研究》，《中国人口·资源与环境》第 19 卷第 6 期。

郑京海、刘小玄、B. Arne，2002，《1980～1994 年间中国国有企业的效率、技术进步和最佳实践》，《经济学（季刊）》第 1 卷第 3 期。

植草益，1992，《微观规制经济学》，朱绍文译，中国发展出版社。

钟水映、简新华，2005，《人口、资源与环境经济学》，北京科学出版社。

周黎安，2007，《中国地方政府的晋升锦标赛模式研究》，《经济研究》第 7 期。

朱德莉，2011，《环境税基本问题的探析》，《生态经济》第 6 期。

朱平方、张征宇、姜国麟，2011，《FDI 与环境规则：基于地方分权视角的实证分析》，《经济研究》第 6 期。

朱平辉、袁加军、曾五一，2010，《中国工业环境库兹涅茨曲线分析——基于空间面板模型的经验研究》，《中国工业经济》第 6 期。

左玉辉，2002，《环境学》，高等教育出版社。

英文

Aghion, P. , and P. Howitt. 1998. *Endogenous Growth Theory*. London, Cambridge: MIT Press.

Ankarhem, M. 2005. "Shadow Prices for Undesirables in Swedish Industry: Indication of Environmental Kuznets Curves?" Umea University Working Paper, No. 659.

Arimura, T. H. , A. Hibiki and H. Katayama. 2008. "Is a Voluntary Approach an Effective Environmental Policy Instrument? A Case for Environmental Management Systems." *Journal of Environmental Economics and Management* 55: 281 – 295.

Atkinson, S. E. , and C. Cornwell. 1994. "Parametric Estimation of Technical and Allocative Inefficiency with Panel Data." *International Economic Review*, 35 (1): 231 – 242.

Atkinson, S. E. , and D. H. Lewis. 1974. "A Cost-Effectiveness Analysis of Alternative Air Quality Control Strategies." *Journal of Environmental Economics and Management* 1 (3): 237 – 250.

Atkinson, S. E. , and D. Primont. 2002. "Stochastic Estimation of Firm Technology, Inefficiency and Productivity Growth Using Shadow Cost and Distance Functions." *Journal of Econometrics* 108: 203 – 225.

Baltagi, B. H. , P. Egger, and M. Pfaffermayr. 2005. "Estimating Models of Complex FDI: Are There Third-Country Effects?" *Center for Policy Research Working Paper* No. 73. http: //surface. syr. edu/cpr/91.

Barbera, A. J. , and V. D. McConnell. 1990. "The Impact of Environmental Regulations on Industry Productivity: Direct and Indirect Effects." *Journal of Environmental Economics and Management* 18 (1): 50 – 65.

Barlett, B. 1994. "The High Cost of Turning Green." *Wall Street*

Journal, 14.

Barro, R. J. 1990. "Government Spending in a Simple Model of Endogenous Growth." *The Journal of Political Economy* 98 (5): 103 – 125.

Bator, F. M. 1958. "The Anatomy of Market Failure." *The Quarterly Journal of Economics* 72 (3): 351 – 379.

Beaumont, N. J., and R. Tinch. 2004. "Abatement Cost Curves: A Viable Management Tool for Enabling the Achievement of Win-Win Waste Reduction Strategies?" *Journal of Environmental Management* 71 (3): 207 – 215.

Binswanger, H. P. 1991. "Brazilian Policies that Encourage Deforestation in the Amazon." *World Development* 19 (1): 821 – 829.

Blundell, R., and S. Bond. 1998. "Initial Conditions and Moment Restrictions in Dynamic Panel Data Models." *Journal of Econometrics* 87: 115 – 143.

Bovenberg, A. L., and S. Smulders. 1995. "Environmental Quality and Pollution-augmenting Technological Change in a Two-Sector Endogenous Growth Model." *Journal of Public Economics* 57 (3): 369 – 391.

Bovenberg, A. L., L. H. Goulder, and D. J. Gurney. 2005. "Efficiency Costs of Meeting Industry-distributional Constraints under Environmental Permits and Taxes." *The RAND Journal of Economics* 36 (4): 951 – 971.

Boyd, G. A., and J. D. McClelland. 1999. "The Impact of Environmental Constraint on Productivity Improvement in Integrated Paper Plants." *Journal of Environmental Economics and Management* 38 (2): 121 – 142.

Brock, W. A., and M. S. Taylor. 2004. "The Green Solow Model." *NBER Working Paper* No. 10854. http: //www. nber. org/ papers/w10854.

Brunnermeier, S. B., and M. A. Cohen. 2003. "Determinants of Environmental Innovation in US Manufacturing Industries." *Journal of Environmental Economics and Management* 45: 278 – 293.

Cassou, S. P., and S. F. Hamilton. 2004. "The Transition from Dirty to Clean Industries: Optimal Fiscal Policy and the Environmental Kuznets Curve." *Journal of Environmental Economics and Management* 48: 1050 – 1077.

Cerin, P. 2006. "Bringing Economic Opportunity into Line with Environmental Influence: A Discussion on The Coase Theorem and the Porter and van der Linde Hypothesis." *Ecological Economics* 56 (2): 209 – 225.

Chambers, Robert G., Y. H. Chung, and R. Fare. 1996. "Benefit and Distance Function." *Journal of Economic Theory* 70: 407 – 419.

Chichilnisky, G. 1994. "North-South Trade and the Global Environment." *American Economic Review* 84 (4): 851 – 874.

Chung, Y. H., R. Fare, and S. Grosskopf. 1997. "Productivity and Undesirable Outputs: A Directional Distance Function Approach." *Journal of Environmental Management* 51: 229 – 240.

Coase, R. H. 1960. "The Problem of Social Cost." *The Journal of Law and Economics* 3: 1 – 44.

Cole, M. A., and R. J. R. Elliot. 2005. "FDI and the Capital Intensity of 'Dirty' Sectors: A Missing Piece of the Pollution Haven Puzzle." *Review of Development Economics* 9 (4): 530 – 548.

Cole, M. A., and R. J. R. Elliott. 2003. "Determining the Trade-environment Composition Effect: The Role of Capital, Labor and Environmental Regulations." *Journal of Environmental Economics and Management* 46: 363 – 383.

Collinge, R. A., and W. E. Oates. 1982. "Efficiency in Pollution Control in the Short and the Long Runs: A System of Rental Emission Permits." *The Canadian Journal of Economics* 15 (2): 346 – 354.

Copeland, B. R., and M. S. Taylor. 1994. "North-South Trade and the Environment." *The Quarterly Journal of Economics* 109 (3): 755 – 787.

Dales, J. H. 1968. *Pollution, Property, and Prices*. Toronto, Ontario: University of Toronto Press.

Dasgupta, P., and G. Heal. 1974. "The Optimal Depletion of Exhaustible Resources." *Review of Economic Studies* 41: 3 – 28.

Datta-Chaudhuri, M. 1990. "Market Failure and Government Failure." *The Journal of Economic Perspectives* 4 (3): 25 – 39.

Dean, J. M., M. E. Lovely, and H. Wang. 2009. "Are Foreign Investors Attracted to Weak Environmental Regulations? Evaluating the Evidence from China." *Journal of Development Economics* 90: 1 – 13.

Denison, E. F. 1979. *Accounting for Slower Economic Growth: The United States in the 1970s*. Washington: Brookings Institution Press.

Dewees, D. N. 1983. "Instrument Choice in Environment Policy." *Economic Inquiry* 21 (1): 53 – 71.

Domazlicky, B. R., and W. L. Weber. 2004. "Does Environmental Protection Lead to Slower Productivity Growth in the Chemical Industry?" *Environmental and Resource Economics* 28: 301 – 324.

Ederington, J. A. Levinson, and J. Minier. 2004. "Trade

Liberalization and Pollution Havens." NBER Working Paper No. 10585, http: //www. nber. org/papers/w10585.

Fare, R. , E. Grifell-Tatje, S. Grosskopf and C. A. Knox Lovell. 1997. " Biased Technical Change and the Malmquist Productivity Index. " *The Scandinavian Journal of Economics* 99 (1): 119 – 127.

Fare, R. , S. Grosskopf, and C. A. Pasurka. 2007. "Environmental Production Functions and Environmental Directional Distance Functions. " *Energy* 32 (7): 1055 – 1066.

Fare, R. , S. Grosskopf, C. A. Knox Lovell, and S. Yaisawarng. 1993. " Derivation of Shadow Prices for Undesirable Outputs: A Distance Function Approach. " *The Review of Economics and Statistics* 75 (2): 374 – 380.

Fare, R. , S. Grosskopf, Dong-Woon Noh, and W. Weber. 2005. " Characteristics of a Polluting Technology: Theory and Practice." *Journal of Econometrics* 126: 469 – 492.

Fare, R. , S. Grosskopf, M. Norris, and Z. Y. Zhang. 1994. "Productivity Growth, Technical Progress, and Efficiency Change in Industrialized Countries. " *The American Economic Review* 84 (1): 66 – 83.

Farrell, M. J. 1957. "The Measurement of Productive Efficiency. " *Journal of the Royal Statistical Society, Series A (General)* 120 (3): 253 – 290.

Forster, B. A. 1972. " A Note on Economic Growth and Environmental Quality. " *The Swedish Journal of Economics* 74 (2): 281 – 285.

Fullerton, D. , and T. C. , Kinnaman. 1995. " Garbage, Recycling, and Illicit Burning or Dumping. " *Journal of Environmental*

Economics and Management 29 （1）: 78 - 91.

Gollop, F. M. , and M. J. , Roberts. 1983. " Environmental Regulations and Productivity Growth: The Case of Fossil-fueled Electric Power Generation. " *The Journal of Political Economy* 91 （4）: 654 - 674.

Gray, Wayne B. 1987. " The Cost of Regulation: OSHA, EPA and the Productivity Slowdown. " *The American Economic Review* 77 （5）: 998 - 1006.

Gray, Wayne B. , and Ronald J. Shadbegian. 1995. " Pollution Abatement Cost, Regulation and Plant Level Productivity. " *NBER Working Paper* No. 4994, http: //www. nber. org/papers/w4994.

Gray, Wayne B. , and Ronald J. Shadbegian. 2002. " When Do Firms Shift Production across States to Avoid Environmental Regulation?" *NBER Working Paper* No. 8705, http: //www. nber. org/papers/w8705.

Grossman, Gene M. , and Alan B. Krueger. 1991. " Environmental Impacts of a North American Free Trade Agreement. " *NBER Working Paper* No. 3914, http: // www. nber. org/papers/w3914.

Grossman, Gene M. , and Alan B. Krueger. 1995. " Economic Growth and the Environment. " *The Quarterly Journal of Economics* 110 （2）: 353 - 377.

Hahn, R. W. 1984. " Market Power and Transferable Property Rights. " *The Quarterly Journal of Economics* 99 （4）: 753 - 765.

Hailu, A. , and T. S. Veeman. 2000. " Environmentally Sensitive Productivity Analysis of the Canadian Pulp and Paper Industry, 1959 - 1994: An Input Distance Function Approach. " *Journal of Environmental Economics and Management* 40: 251 - 274.

Hanna, R. 2010. " US Environmental Regulation and FDI: Evidence from a Panel of US-Based Multinational Firms. " *American*

Economic Journal: *Applied Economics* 2: 158 – 189.

Hardin, G. 1968. "The Tragedy of Commons." *Science* 162: 1243 – 1248.

Hazilla, M. , and R. J. Kopp. 1990. "Social Cost of Environmental Quality Regulations: A General Equilibrium Analysis." *The Journal of Political Economy* 98 (4): 853 – 873.

Helpman, E. 1984. "A Simple Theory of International Trade with Multinational Corporations." *The Journal of Political Economy* 92 (3): 451 – 471.

Heyes, A. 2009. "Is Environmental Regulation Bad for Competition? A Survey." *Journal of Regulation Economics* 36: 1 – 28.

Jaffe, A. B. , and J. K. Palmer. 1997. "Environmental Regulation and Innovation: A Panel Data Study." *Review of Economics and Statistics* 79 (4): 610 – 619.

Jaffe, A. B. , S. R. Peterson, P. R. Portney, and R. N. Stavins. 1995. "Environmental Regulation and the Competitiveness of U. S. Manufacturing: What Does the Evidence Tell Us?" *Journal of Economics Literature* 33 (1): 132 – 163.

Jefferson, G. H. , T. G. Rawski, L. Wang, and Y. X. Zheng. 2000. "Ownership, Productivity Change, and Financial Performance in Chinese Industry." *Journal of Comparative Economics* 28 (4): 786 – 813.

Jensen, V. 1996. "The Pollution Haven Hypothesis and the Industrial Flight Hypothesis: Some Perspectives on Theory and Empirics." Centre for Development and the Environment Working Paper, University of Oslo, http: //scholar. google. com/.

John, A. , R. Pecchenino, D. Schimmelpfennig, and S. Schreft. 1998. "Short-lived Agents and the Long-lived Environment." *Journal of*

Public Economics 58 （1）: 127 – 141.

Jorgenson, D. W. , and P. J. Wilcoxen. 1990. "Environmental Regulation and U. S. Economic Growth." *The RAND Journal of Economics* 21 （2）: 314 – 340.

Joshi, S. , R. Krishnan, and L. Lave. 2001. "Estimating the Hidden Costs of Environmental Regulation." *The Accounting Review* 77 （2）: 171 – 198.

Joskow, Paul L. , and R. Schmalensee. 1998. "The Political Economy of Market-Based Environmental Policy: The U. S. Acid Rain Program." *Journal of Law and Economics* 41 （1）: 37 – 83.

Kalt, Joseph P. 1988. "The Political Economy of Protectionism: Tariffs and Retaliation in the Timber Industry." In *Trade Policy Issues and Empirical Analysis*, edited by R. E. Baldwin, pp. 339 – 368. NBER Books.

Kip Viscusi, W. 1983. "Frameworks for Analyzing the Effects of Risk and Environmental Regulations on Productivity." *The American Economic Review* 73 （4）: 793 – 801.

Kneese, A. V. , and B. T. Bower. 1968. *Managing Water Quality: Economics, Technology, Institutions*. Baltimore, MD: Johns Hopkins University Press.

Kohn, R. E. 1985. "A General Equilibrium Analysis of the Optimal Number of Firms in a Polluting Industry." *Canadian Journal of Economics* 18 （2）: 347 – 354.

Krugman, P. 1994. "The Myth of Asia's Miracle." *Foreign Affairs* 73 （6）: 62 – 78.

Kumar, S. , and R. R. Russell. 2002. "Technological Change, Technological Catch-up, and Capital Deepening: Relative Contributions to Growth and Convergence." *The American Economic Review* 92 (3): 527 – 547.

Kumar, S. 2006. "Environmentally Sensitive Productivity Growth: A Global Analysis Using Malmquist-Luenberger Index." *Ecological Economics* 56: 280 – 293.

Kuosmanen, T., N. Bijsterbosch, and R. Dellink. 2009. "Environmental Cost-Benefit Analysis of Alternative Timing Strategies in Greenhouse Gas Abatement: A Data Envelopment Analysis Approach." *Ecological Economics* 68 (6): 1633 – 1642.

Lanjouw, J. O., and A. Mody. 1996. "Innovation and the International Diffusion of Environmentally Responsive Technology." *Research Policy* 25 (4): 549 – 571.

Lanoie, P., M. Patry, and R. Lajeunesse. 2008. "Environmental Regulation and Productivity: Testing the Porter Hypothesis." *Journal of Productivity Analysis* 30: 121 – 128.

Laplante, B., and P. Rilstone. 1996. "Environmental Inspections and Emissions of the Pulp and Paper Industry in Quebec." *Journal of Environmental Economics and Management* 31 (1): 19 – 36.

Lee, D. R., and W. S. Misiolek. 1986. "Substituting Pollution Taxation for General Taxation: Some Implications for Efficiency in Pollutions Taxation." *Journal of Environmental Economics and Management* 13 (4): 338 – 347.

Leonard, H. J. 1988. *Pollution and the Struggle for the World Product: Multinational Corporations, Environmental, and International Comparative Advantage.* New York: Cambridge University Press.

Lovely, M., and D. Popp. 2008. "Trade, Technology, and the Environment: Why Have Poorer Countries Regulated Sooner: Why

Have Poorer Countries Regulated Sooner?" *NBER Working Paper* No. 14286. http: //www. nber. org/papers/w14286.

Lucas, R. E. 1988. "On the Mechanics of Economic Development." *Journal of Monetary Economics* 22 (1): 3 – 42.

Luenberger, D. G. 1992. "Benefit Function and Duality." *Journal of Mathematical Economics* 21: 461 – 481.

Macpherson, A. J. , P. P. Principe, and E. R. Smith. 2010. " A Directional Distance Function Approach to Regional Environmental Economic Assessments." *Ecological Economics* 69 (10): 1918 – 1925.

Magat, W. A. 1978. " Pollution Control and Technological Advance: A Dynamic Model of the Firm." *Journal of Environmental Economics and Management* 5 (1): 1 – 25.

Malueg, D. A. 1989. "Emission Credit Trading and the Incentive to Adopt New Pollution Abatement Technology." *Journal of Environmental Economics and Management* 16 (1): 52 – 57.

Managi, S. , and S. Kaneko. 2006. "Economic Growth and the Environment in China—An Empirical Analysis of Productivity." *International Journal of Global Environmental Issues* 6 (1): 89 – 133.

Markusen, J. R. 1984. "Multinationals, Multi-plant Economies, and the Gains from Trade." *Journal of International Economics* 16: 205 – 226.

Marshall, Alfred. 1890. Principles of Economics. London: Macmillan.

McGartland, A. M. 1984. "Marketable Permit System for Air Pollution Control: An Empirical Study." PhD diss. , Park College of Maryland University.

Meadows, H. 1972. *The Limits to Growth.* New York: New York

University Books.

Mohr, R. D. 2002. "Technical Change, External Economies, and the Porter Hypothesis. " *Journal of Environmental Economics and Management* 43 (1): 158 – 168.

Montgomery, W. B. 1972. " Markets in Licenses and Efficient Pollution Control Programs. " *Journal of Economics Theory* 5 (3): 395 – 418.

Muller, N. Z. , and R. Mendelsohn. 2009. " Efficient Pollution Regulation: Getting the Prices Right. " *American Economic Review* 99 (5): 1714 – 1739.

Murty, M. N. , and S. Kumar. 2003. "Win-Win Opportunities and Environmental Regulation: Testing of Porter Hypothesis for Indian Manufacturing Industries. " *Journal of Environmental Management* 67 (2): 139 – 144.

Ng, Yew-kwang. 2004. "Optimal Environmental Charges/Taxes: Easy to Estimate and Surplus-yielding. " *Environmental and Resource Economics* 28: 395 – 408.

Nishimizu, M. , and J. M. Page. 1982. "Total Factor Productivity Growth, Technical Progress and Technical Efficiency Change: Dimensions of Productivity Change in Yugoslavia, 1965 – 1978. " *The Economic Journal* 92: 920 – 936.

Oates, W. E , and R. M. Schwab. 1989. "Economic Competition among Jurisdictions: Efficiency Enhancing or Distortion Inducing?" *Journal of Public Economics* 35 (3): 333 – 354.

Palmer, K. , W. E. Oates , and P. R. Portney. 1995. "Tightening Environment Regulation Standard: The Benefit-Cost or the Non-Cost Paradigm?" *Journal of Economic Perspectives* 9 (4): 119 – 132.

Panayotou, T. 1997. "Demystifying the Environmental Kuznets Curve: Turning a Black Box into a Policy Tool." *Environment and Development Economics* 2: 465 – 484.

Peltzman, S., and T. N. Tideman. 1972. "Local Versus National Pollution Control: Note." *The American Economic Review* 62 (5): 959 – 963.

Pigou, Arthur C. 1920. *The Economics of Welfare.* London: Macmillan.

Pittman, Russell W. 1983. "Multilateral Productivity Comparisons with Undesirable Outputs." *The Economic Journal* 93 (372): 883 – 891.

Porter, M. E. 1991. "America's Green Strategy." *Scientific American* 264: 168.

Porter, M. E., and C. Van der Linde. 1995. "Toward a New Conception of the Environmental-Competitiveness Relationship." *The Journal of Economic Perspectives* 9 (4): 97 – 118.

Quiroga, M., T. Sterner, and M. Person. 2007. "Have Countries with Lax Environmental Regulations a Comparative Advantage in Pollution Industries." RFF DP 07 – 08, Discussion Papers, Resources for the Future, http: //ideas. repec. org/p/rff/dpaper/dp – 07 – 08. html.

Ricci, F. 2007. "Environmental Policy and Growth When Inputs Are Differentiated in Pollution Intensity." *Environmental and Resource Economics* 38 (3): 285 – 310.

Roca, J., E. Padilla, M. Farre, and V. Galletto. 2001. "Economic Growth and Atmospheric Pollution in Spain: Discussing the Environmental Kuznets Curves Hypothesis." *Ecological Economics* 39: 85 – 99.

Romer, P. M. 1986. "Increasing Returns and Long-run Growth." *Journal of Political Economy* 94 (5): 1002 – 1037.

Romer, P. M. 1990. "Endogenous Technological Change." *Journal of Political Economy* 98 (5): 71 – 102.

Samuelson, Paul A. 1954. "The Pure Theory of Public Expenditure." *Review of Economics and Statistics* 36 (4): 387 – 389.

Seskin, E. P., R. J. Anderson, JR., and R. O. Reid. 1983. "An Empirical Analysis of Economic Strategies for Controlling Air Pollution." *Journal of Environmental Economics and Management* 10 (2): 112 – 124.

Sidgwick, Henry. 1887. *The Principles of Political Economy*. London: Macmillan.

Simar, L., and P. W. Wilson. 2007. "Estimation and Inference in Two-stage, Semi-Parametric Models of Production Processes." *Journal of Econometrics* 136: 31 – 64.

Spulber, Daniel F. 1989. *Regulation and Markets*. Cambridge, Mass: MIT Press.

Stavins, R. N., and B. W. Whitehead. 1992. "Pollution Charges for Environmental Protection: A Policy Link between Energy and Environment." *Annual Review of Energy and Environment* 17: 187 – 210.

Sterner, T. 2002. *Policy Instruments for Environmental and Natural Resource Management*. Washington, D. C.: Resources for the Future Press.

Stokey, N. 1998. "Are There Limits to Growth?" *International Economic Review* 39 (1): 1 – 31.

Tietenberg, T. H. 2001. *Environmental Economics and Policy*. MA: Addition Wesley.

Tietenberg, T. H. 2003. "The Tradable Permits Approach to

Protecting the Commons: What Have We Learned?" *Oxford Review of Economic Policy* 19 (3): 400 – 419.

Tobey, J. A. 1990. "The Effects of Domestic Environmental Policies on Patterns of World Trade: An Empirical Test." *Kyklos* 43 (2): 191 – 209.

Tone, K. 2001. "A Slacks-based Measure of Efficiency in Data Envelopment Analysis." *European Journal of Operational Research* 130 (3): 498 – 509.

Tone, K. 2010. "Variations on the Theme of Slacks-based Measure of Efficiency in DEA." *European Journal of Operational Research* 200 (3): 901 – 907.

Unold, W., and T. Requate. 2001. "Pollution Control by Options Trading." *Economics Letters* 73 (3): 353 – 358.

Uzawa, H. 1965. "Optimum Technical Change in an Aggregative Model of Economic Growth." *International Economic Review* 6 (1): 18 – 31.

Walley, N., and B. Whitehead, 1994. "It's Not Easy Being Green." *Harvard Business Review* 72 (3): 46 – 51.

Walter, I., and J. Ugelow. 1979. "Environmental Policies in Developing Countries." *Ambio* 8: 102 – 109.

Weitzman, M. L. 1974. "Prices vs. Quantities." *Review of Economic Studies* 41 (4): 477 – 491.

Wheeler, D. 2000. "Race to the Bottom? Foreign Investment and Air Pollution in Developing Countries." Development Research Group of World Bank Working Paper 2524, http://scholar.google.com/.

Wilson, John S., T. Otsuki, and M. Sewadeh. 2002. "Dirty Exports and Environmental Regulation: Do Standards Matter to Trade?"

The World Bank Policy Research Working Paper, http://books. google. com. hk/.

Xepapadeas, A. , and A. de Zeeuw. 1999. "Environmental Policy and Competitiveness: The Porter Hypothesis and the Composition of Capital. " *Journal of Environmental Economics and Management* 37 (2): 165 - 182.

Yeaple, S. R. 2003. " The Complex Integration Strategies of Multinationals and Cross Country Dependencies in the Structure of Foreign Direct Investment. " *Journal of International Economics* 60: 293 - 314.

Young, A. 1995. "The Tyranny of Numbers: Confronting the Statistical Realities of the East Asian Growth Experience. " *The Quarterly Journal of Economics* 110: 641 - 680.

索　引

后　记

本书是在我的博士论文的基础上修改而成的。

我在复旦大学的三年时间里，是紧张而快乐的！说紧张，是因为这三年我基本上是在复旦文科图书馆度过的，特别是临近毕业的那一阵，梦中都在想论文；说快乐，是因为能够拥有如此长的时间做自己喜欢的事情，是多么的奢侈！而且，我还得到了许多人的帮助，结识了很多的好朋友。

首先我要感谢我的导师石磊教授！十多年前，我还在合肥工业大学时，听完老师的发展经济学课程，我就被老师渊博的知识和风趣的表达所吸引，暗想如果有一天能够成为老师的学生该多幸福。后来，有缘能够拜入"石"门，三年的学习生涯，亲身感受老师治学的严谨，亲耳聆听老师谆谆的教诲，自感获益良多。三年前，几乎不知道经济学为何物；三年间，由老师带领着在经济学的殿堂里徜徉，找到了自己的研究方向，尽管在浩如烟海的文献面前依然感觉自己是那么的渺小。每周风雨无阻的 Seminar 上，老师从方法论到具体的问题，都给了我很多指点；而助教助研的工作，可以近距离学习如何很好地驾驭课堂，对我的教学工作裨益良多。在生活上，老师也是关怀备至，每年的元宵晚会、中秋晚会，老师都陪我们一起度过，这是我们最放松和最快乐的时光。三年里，老师始终强调做学问既要能"顶天"又要能"落地"，对于每一篇文章的写作，都是以这个标准来衡量，尤其是毕业论文，从论文的选题、思路的形成、整体框架的确定、初稿的完成、中间多次的修改直到最终定稿，老师都是严格把关，精彩剖析。经常是在"山重水复疑无路"的时候，老师以他对中国经济问题的深刻理解，从不同的角度加以阐述，往往又会"柳暗花明又一村"了。

在复旦的三年，遇到了很多良师益友。张军、寇宗来、李婷、陈诗一、陆铭、吴力波、章元、陈钊、封进老师对我知识结构的完善和论文的写作给过具体的启发和帮助，在此表示感谢。我还要感谢"石"门的每一位成员，特别是刘瑞明、邵晓、周敏，无论是Seminar上的讨论还是之后的烧烤，都给我的生活带来了很多精彩和乐趣。同班的同学之中，唐东波、张志华、李明给予了我纯真的友谊，无论在生活上还是学业上，他们对我的帮助都是无私的。

我读硕士时，就读于江西财经大学经济学院，我要特别感谢我的硕士导师陆长平教授，没有他的鼓励和悉心指导，我很难走上学术之路。江西师范大学的梅国平校长为我的读博提供了切实的帮助，我终生难忘。我还要感谢江西财经大学的廖进球书记和王乔校长给了我三年充裕的时间来学习，没有他们的宽容和支持，无论如何我都没有办法按期完成学业。

在我20多年的学习生涯中，我最应该感谢的是我的父母和亲人。在那些最困难的日子里，父母咬紧牙关供我上学，如果没有他们坚定的信念，那安静地坐在教室里读书简直就是天方夜谭，在我完成博士论文期间，母亲患病却没有告诉我，直至恢复健康后父亲才透露了一句。每念及此，心中便如澜波万壑，难以平静。我的两个姐姐无论在经济上还是在精神上都给予了我大力支持，无数次想放弃的时候，都是她们嘱咐我继续往前走。读博三年我基本上都在复旦大学，我的岳父岳母承担了家里所有的家务，我从心底里感激他们。我要特别感谢我的妻子王琳，无论我选择什么样的道路，她总是默默地支持，从没有任何怨言，她给予我的无私的爱是我能够坚持下来的动力。儿子刘瑞洋是我最大的精神慰藉，每当看到他可爱的脸庞，所有的劳累和烦闷就一扫而空。

能够将书稿列入"江西省哲学社会科学成果出版资助"计划，是我一直的愿望，感谢江西省哲学社会科学联合会的祝黄河主席、黄万林副主席和参与评审的专家对本书的赏识，感谢省社联的熊建先生、晁婷女士的辛勤劳动，感谢本书的责任编辑不厌其烦地给予修改和指导意见。没有他们的大力支持和高效工作，我的愿望不会如此顺利地实现！

在本书即将付梓之际，国家的"十二五"规划对生态文明建设提出了更进一步的富有具体内涵的要求，我也进入江西财经大学统计学博士后流动站开始新的研究工作，希望本研究能够对国家的"十二五"规划的相关研究提供绵薄的学术支撑，也希望得到各方面的批评和指正！

刘伟明

10 月 25 日于江西南昌

图书在版编目（CIP）数据

中国的环境规制与地区经济增长/刘伟明著. —北京：
社会科学文献出版社，2013.12
（江西省哲学社会科学成果文库）
ISBN 978 - 7 - 5097 - 5540 - 2

Ⅰ.①中…　Ⅱ.①刘…　Ⅲ.①环境管理 - 关系 -
区域经济发展 - 研究 - 中国　Ⅳ.①F127

中国版本图书馆 CIP 数据核字（2014）第 002059 号

·江西省哲学社会科学成果文库·
中国的环境规制与地区经济增长

著　　者／刘伟明

出 版 人／谢寿光
出 版 者／社会科学文献出版社
地　　址／北京市西城区北三环中路甲 29 号院 3 号楼华龙大厦
邮政编码／100029

责任部门／社会政法分社（010）59367156　　　责任编辑／李　响
电子信箱／shekebu@ ssap. cn　　　　　　　　责任校对／师晶晶
项目统筹／王　绯　周　琼　　　　　　　　　责任印制／岳　阳
经　　销／社会科学文献出版社市场营销中心（010）59367081　59367089
读者服务／读者服务中心（010）59367028

印　　装／三河市尚艺印装有限公司
开　　本／787mm×1092mm　1/16　　　　印　张／14
版　　次／2013 年 12 月第 1 版　　　　　　字　数／181 千字
印　　次／2013 年 12 月第 1 次印刷
书　　号／ISBN 978 - 7 - 5097 - 5540 - 2
定　　价／49.00 元